高等职业教育"十四五"规划教材

"广西农业职业教育集团合作办学"项目系列教材

"广西高职示范特色专业及实训基地建设"项目教材

园林工程专业
创新创业指导与分析

主　编　李铁成

副主编　梁卫萍　莫东颖　刘　静

中国农业大学出版社

·北京·

内容简介

本教材选取了园林工程行业具有代表性的**7**个创业项目进行创业过程的分析，即园林土方工程项目、园林给排水工程项目、园林道路工程项目、园林建筑小品工程项目、园林水景工程项目、园林景石工程项目、园林绿化工程项目。每个项目主要从项目的现状、前景、施工条件、经济效益、施工技术、施工风险、施工方法和技术解析、课程思政、项目承包手续的办理和要求等方面进行分析。本书内容简单易懂，实用性较强，可为园林工程领域创业者提供参考。

图书在版编目(CIP)数据

园林工程专业创新创业指导与分析/李铁成主编. --北京：中国农业大学出版社，2021.12
ISBN 978-7-5655-2699-2

Ⅰ.①园… Ⅱ.①李… Ⅲ.①园林－农业企业管理－高等学校－教材 Ⅳ.①F326.13

中国版本图书馆 CIP 数据核字(2021)第 262810 号

书　　名 园林工程专业创新创业指导与分析
作　　者 李铁成　主编

策划编辑 司建新　　**责任编辑** 司建新
封面设计 郑　川
出版发行 中国农业大学出版社
社　　址 北京市海淀区圆明园西路2号　　**邮政编码** 100193
电　　话 发行部 010-62733489，1190　　读者服务部 010-62732336
编辑部 010-62732617，2618　　出　版　部 010-62733440
网　　址 http://www.caupress.cn　　**E-mail** cbsszs@cau.edu.cn
经　　销 新华书店
印　　刷 涿州市星河印刷有限公司
版　　次 2021年12月第1版　2021年12月第1次印刷
规　　格 185 mm×260 mm　16开本　9印张　225千字
定　　价 35.00元

前　言

本书主要根据当前园林行业对园林工程类专业建设发展的需要，结合园林工程建设项目中各类施工要素的施工特点，在园林工程熟悉图纸的基础上，以项目的形式全面地阐述了现代园林景观工程中园林土方工程、园林给排水工程、园林道路工程、园林建筑小品工程、园林水景工程、园林景石工程、园林绿化工程等的施工流程、园林项目施工技术标准、园林施工的质量把控和检测。本书非常注重各类项目的施工组织的设计和施工方法的创新，内容更加符合学生的创业和谋生的需求，同时紧扣教育部关于高职院校“三全育人”的相关文件精神，教学项目设计中融入了课程思政的相关内容，强化新时代大学生的职业操守和行业工匠精神。本书可以供园林工程技术、风景园林设计、环境艺术设计（景观设计方向）、园艺技术等专业的学生使用，同时也适用于自主创新创业的学生和园林市政工程师使用。

编者

2021 年 11 月

前言

[illegible]

目　录

项目一

园林土方工程项目

【学习目标】

教学目的：了解园林土方工程项目的现状，园林土方工程项目的前景分析

教学重点：了解园林土方工程项目的施工条件和施工的风险分析

教学难点：园林土方工程项目施工方法和技术解析，懂得园林土方工程项目承包

任务一　园林土方工程项目的现状分析

园林用地设计地形的实现必然要依靠土方施工来完成。任何建筑物、构筑物、道路及广场等工程的修建，都要在地面上做一定的基础，如挖掘基坑、路槽等，这些工程都是从土方施工开始的。在园林建设地形的利用、改造或创造过程中，如挖湖堆山、平整场地(图 1-1)都要依靠动土方来完成。一般来说，土方工程量在园林建设中是一项大工程，而且在园林建设中又是先行的项目。园林土方工程项目完成的速度和质量直接影响着后续工程，所以它和整个建设工程的进度关系密切。

土方工程的工程量一般都很大，有的大工程的施工期很长，土方工程在城市建设和园林建设中占有重要地位。因此，为了使工程能多快好省地完成，我们必须做好土方工程的设计和施工的安排。园林建设的目的是模拟自然、表现生活，为人们提供休闲、娱乐和文化教育的场所，美化和保护生态环境。在园林设计内容中，除了绿化以外，还有一个至关重要的内容就是在拟定界限的原地形的基础上，从园林的使用功能出发，确定园林的地形地貌、园林建筑、道路、广场、绿地之间的用地坡度等。图 1-2 为土方工程设计确定园林的地形地貌。

园林土方工程项目的施工与园林地形改造有很大的关系，其施工方法有人工施工、机械化施工和半机械化施工等。目前，土方调配、施工准备、施工排水与降水、土方开挖与填筑等方面都是施工环节中需要严格关注和把控的。园林工程土方现场工作面清理：需根据施工现场的实际情况对施工场区内的多余堆土集中进行清理，绿化铺装工程施工时，需要将工作面的石块、瓦砾、混凝土及其他杂物集中清理，运出施工现场。图 1-3 为园林现场工作面清理。

图 1-1　平整场地

图 1-2　土方工程设计确定园林的地形地貌

图 1-3 园林现场工作面清理

任务二 园林土方工程项目的前景分析

园林土方工程项目是园林整体项目的一部分，是园林整体工程基础中的基础，起到承前启后的重要作用。我们要想完成优质的园林整体工程，就必须重视园林的土方工程项目。在景观园林中的土方项目是指在园林中对树木、水体、建筑以及花草等进行承载的地面。它也是整个景观园林建设过程中最为基础的环节。园林土方工程项目的前景分析能够有效地对景观园林的外观进行改进，并能够以更为自然的形式对园林进行划分，从而使其具有更多的层次、更为丰富的园林元素。图 1-4 为对园林形式进行划分。

在对景观园林进行营造的过程中，我们应当遵循其起伏有致以及开放的原则，并通过适当合理的地形处理对空间层次进行丰富。而对于地形来说，恰到好处的起伏，不但能够较好地限制游客的视线、人为地对自然空间进行划分，还能够非常好地作为隔音层来消除外界的噪声，从而为园林中的人们营造良好的气候环境。因此，如何对景观园林进行土方造型施工来获得更好的艺术自然效果成了园林工作者最为重视的问题。图 1-5 为土方造型施工。

1000 m^3。

(2)人工配合挖土方每立方的综合单价组价。

人工费：979.28×1.5=1468.92 元/1000 m^3；机械费：3.5 元/m^3；材料费：0 元；则综合单价中人工费=5.0963×1468.92/2634=2.84 元/m^3。

(3)挖土机挖土、自卸汽车挖土(运距为增加 1km)综合单价组价。

人工费：0 元/1000 m^3；材料费 0 元/1000 m^3；机械费：5827.11 元/1000 m^3。

(4)地基钎探综合单价组价。

人工费：121.34 元/1000 m^3；材料费：0 元/1000 m^3；机械费：0 元/1000 m^3。

任务五　园林土方工程项目施工技术分析

一、土方的挖掘

1. 人力施工

人力施工的工具主要是锹、镐、钢钎等。在进行人力施工时，园林工作者不但要组织好劳动力，而且还要注意安全和保证工程质量。

2. 机械施工

机械施工主要有推土机、挖土机等。在园林土方工程项目施工中推土机应用得比较广泛，例如在挖掘水体时，以推土机推挖，将土推至水体四周，再行运走或堆置地形，最后岸坡用人工修整。图 1-9 为推土机挖掘水体现场图。

图 1-9　推土机挖掘水体现场图

推土机手用推土机挖湖堆山的效率较高，但应注意以下两个方面：

(1)推土机手应识图或了解施工对象的情况。在动工之前园林工作者应向推土机手介绍拟施工地段的地形情况及设计地形的特点，最好结合模型，使之一目了然。另外推土机手在施工前还要了解实地定点放线情况，如桩位、施工标高等，以便在施工中能心中有数，能按照设计意图去塑造地形。这一点对提高施工效率有很大的帮助，这一步工作做得好，在修饰山体(或水体)时便可以省去许多人力、物力。

(2)注意保护表土。在挖湖堆山时，推土机手应先用推土机将施工地段的表层熟土(耕作层)推到施工场地外围，待地形整理停当，再把表土铺回来。这样虽然做比较麻烦费工，但对植物生长却有很大的好处，有条件之处都应该这样做。

二、土方的运输

一般竖向设计都力求土方就地平衡，以减少土方的搬运量。土方运输是一项较艰巨的劳动，园林工作者可采用人工、机械化或者半机械化的方式。人工运土一般都是短途的小搬运；车运人挑，在有些局部或小型施工中还经常被采用；而运输距离较长的，最好使用机械或半机械化运输。但不论是车运还是人挑，运输路线的组织都很重要，卸土地点一定要明确，施工人员应随时进行指点，避免混乱和窝工。如果使用外来土垫地堆山，则必然会给下一步施工增加许多不必要的小搬运量，从而浪费人力和物力，图 1-10 为土方的运输。

图 1-10　土方的运输

三、土方的填筑

土方的填筑应该满足工程的质量要求。土壤的质量要依据填方的用途和要求加以选择，例如，在绿化地段土壤应满足种植植物的要求，而作为建筑用地则以要求将来地基的稳定为原则。园林工作者利用外来土垫地堆山时，对土质应该验定放行，劣土及受污染土壤不应放入园内，以免将来影响植物的生长和妨害游人的健康。

园林工作者在进行土方填筑时应注意以下几个方面：

(1)大面积填方应分层填筑,一般每层为 20～50 cm,有条件的应层层压实。

(2)在斜坡上填土时,为防止新填土方滑落,应先把土坡挖成台阶状,然后再填方,这样可以保证新填土方的稳定。

(3)挙土或挑土堆山时,土方的运输路线和下卸应以设计的山头为中心,结合来土方向安排运输路线。运输路线一般以环形线为宜,车辆或人挑满载上山,土卸在路的两侧,空载的车(人)沿运输路线继续前行下山,车(人)不走回头路,不交叉穿行,所以不会顶流拥挤。如果土源有几个来向,则运土路线可根据设计地形特点安排几个小环路,小环路以人流和车辆不相互干扰为原则。图 1-11 为土方的运输和下卸。

图 1-11　土方的运输和下卸

四、土方的压实

土方的压实也分人力和机械两种方式。人力可以用夯、硪、碾等工具;机械碾压可以用碾压机或用拖拉机带动的铁碾。小型的夯压机械有内燃夯、蛙式夯等。图 1-12 为碾压机压实土方。

图 1-12　碾压机压实土方

如果土壤过分干燥，则园林工作者需先洒水湿润后再压实。在土方的压实过程中园林工作者应注意以下几个方面：

(1)压实工作必须分层进行。

(2)压实工作要注意均匀。

(3)压实松土时夯压工具应先轻后重。

(4)压实工作应自边缘开始逐渐向中间收拢，否则边缘土方外挤易引起坍塌。

土方工程施工面较宽，工程量大，故施工组织工作很重要。大规模的园林土方工程项目应根据施工力量和施工条件来决定，工程可以全面铺开，也可以分区、分期进行。施工现场要有人指挥调度，各项工作要有专人负责，以确保工程按期、按计划高质量地完成。

任务六　园林土方工程项目施工风险分析

一、园林土方工程项目施工风险

园林土方工程项目在施工过程中，由于地质、水文、运输道路、邻近建筑、地下埋设物、地下煤气管道、给排水管道、电缆电线情况不明等因素，经常造成土方坍塌、邻近建筑物下沉等工程质量、安全事故。

在园林土方工程项目的施工过程中，主要存在以下风险因素：

(1)自然条件方面，如地质情况、水文情况、气候情况。

(2)结构特征方面，如基槽开挖的深度和宽度、填筑的高度和厚度等。

(3)施工原因方面，降排水的方法、放坡尺寸的大小、施工方法与措施、选用的施工机械、施工顺序、桩基的设计与材料选用的布置等。

(4)周边环境方面，如周边建筑物的情况、周边基础设施的位置、周边工程的施工情况、运输道路的情况、水电供应的情况。

二、园林土方工程项目施工弊病根源

在平整的场地内，挖掘好的边坡土方凸显了局部架构下的塌方或者范畴偏大的塌方。这是因为：在选取特有规格的机械予以平整时常常没能按照从上到下惯常次序，而是在通常情况下都会切开原初的坡脚，从而使得这一边坡缺失平衡性，造成特有的滑坡。地表存留着的滞水以及开挖的地下水都会破坏现有的坡脚。此外，在软土地段内，边坡顶部范畴内的堆积土体还是偏多的。在这样的态势下，施工人员若再去堆积偏多的建筑配件，或者经由设备振动，则这一区段内的土体就会缺失应有的平衡性。挖掘现有的边坡时，要按照从上到下这样的惯常次序，要分出开挖层级；要妥善去放坡，回避惯常的坡脚割裂。只有这样才能维护好坡脚应有的稳固性。若地表还滞留着水体或者存留着地下水，则要预设排降水的可用路径，妥善去拦挡这样的地表水体、地下水体。这样做，水体就不能冲击到现有的坡脚。在施工时段内，不要在建构好的坡顶堆放偏多的原料；过往车辆及固有的机械，也不要频繁去振动。对带有临时特性的那些塌方，要妥善清除。把原初的坡顶线朝后侧去挪动。对永久架构下的塌方，要妥善去松土，用特有的块石分出层级去回填土体。在衔接架构下，要搭接出特有的台阶状态，并密切去衔接它们。

在园林建筑这样的路径下，基层范畴内的回填土常常没能与既有的规格相契合。具体而言，回填好的土体常常存留着偏多的碎裂石块、特有的杂质、有机质及特有的淤泥土体。如上的状态，会干扰后续时段内的地基下陷，不利于园林现有的植被培植。这是回填必备的土体中掺杂了偏多的碎裂石块以及这一范畴内的建筑垃圾所造成的。有的土料涵盖着不合规的水体或者带有淤泥特质的水体。偏多的建筑单位，会选取带有有机质的那些垃圾予以填充。如上的生活垃圾，超出了4%的有机质。此外，在工程监理的路径下，也没能妥善去管控回填土体的应有质量。

不要选取夹带着偏多碎石的那种土体或区段范畴内的建筑垃圾予以回填。若必须要接纳碎石态势下的土体，则要严格限缩土体现有的最大粒径。具体而言，最大态势下的粒径不要超出这一层级固有的铺填厚度。在着力去回填时，偏大的那些石块不要被集中；与此同时，不要在衔接着的接头范畴内，或者衔接着的山坡地段予以回填。回填必备的土体，要符合特有的水体含量。规模偏大的土方，在真正去回填以前，要依循现有的建筑特性，预设可用的配料类别、可用的压实系数。施工路径下的夯实工艺也要与配料固有的水体含量契合。若配料涵盖了偏多的水体，则要妥善去晾晒、翻土、掺进特有的干土。回填土体，不能夹带着特有的有机质。若查验到不合规的土体，应替换掉这样的土层，重新去回填。基槽挖掘出来的优质土体要先去运用；在监理路径下，要严格管控现有的土方质地，对那些不合规的土体不要运用。

总之，园林建筑隐藏着比较多的质量弊病。为此，在设计时段内，设计单位要依循既有的设计规则，设定可用的通病防控路径，并妥善去交底。施工单位要审慎制备可用的施工规则，经由监理查验及审批，才可以真正开始建造。监理时段内，要明晰园林建筑特有的通病，适应具体态势下的查验要求。园林通病管控的特有经费应被涵盖进现有的合同价格。只有注重现有的建筑细节，才能杜绝惯常的建筑弊病，保护园林现有的景观美感。

任务七　园林土方工程施工方法和技术解析

一、基本术语

1.容重

容重是指单位体积内天然状况下的土壤重量，单位为kg/m^3，土壤容重的大小直接影响着施工的难易程度，容重越大挖掘就越难，在园林土方工程项目施工中把土壤分为松土、半坚土、坚土等类，所以施工中施工技术和定额应根据具体的土壤类别来制定。

2.自然倾斜角（安息角）

土壤自然堆积，经沉落稳定后的表面与地平面所形成的最大夹角就是土壤的自然倾斜角，以α表示。在工程设计时，为了使工程稳定，其边坡坡度数值应参考相应土壤的自然倾斜角的数值，土壤自然倾斜角还受到其含水量的影响。

3. 土壤含水量

土壤含水量是指土壤孔隙中的水重和土壤颗粒重的比值。

土壤含水量在5%以内称干土，在30%以内称潮土，大于30%称湿土。土壤含水量的多少对土方施工的难易也有直接的影响：土壤含水量过小，土质过于坚实，不易挖掘；含水量过大，土壤易泥泞，也不利于施工，人力或机械施工工效均会降低。以黏土为例，含水量在30%以内最易挖掘，若含水量过大，则其本身性质发生很大变化，并丧失稳定性，此时无论是填方或挖方，其坡度都会显著下降，因此含水量过大的土壤不宜做回填之用。

4. 土壤的相对密实度

它是用来表示土壤在壤筑后的密实程度的，可以用下列公式表达：$D=(\varepsilon_1-\varepsilon_2)/(\varepsilon_1-\varepsilon_3)$。式中 D——土壤相对密实度；ε_1——填土在最松散状况下的孔隙比；ε_2——经碾压或夯实后的土壤孔隙比；ε_3——最密实情况下土壤孔隙比。

5. 土壤可松性

土壤经挖掘后，土体变得松散而使体积增加

①最初可松性系数。

②最后可松性系数。

二、施工准备工作

1. 清理场地，树木及其他设施妥善处理

在施工工地范围内，凡有碍工程开展或影响工程稳定的地面物或地下物都应该清理，例如不需要保留的树木、废旧建筑物或地下构筑物等。凡土方开挖深度不大于50 cm，或填方高度较小的土方施工，现场及排水沟中的树木必须连根拔除，清理树墩除了用人工挖掘以外，直径在50 cm以上的大树墩可以用推土机铲除或用爆破法清除。关于树木的伐除，特别是大树应慎之又慎，凡能保留者应尽量设法保留。建筑物和地下构筑物的拆除，应根据其结构特点进行工作，并遵照规定进行操作。如果施工场地内发现有管线通过或有其他异常物体时，园林工作者应事先请有关部门协同查清，未查清前不可动工，以免发生危险或造成其他损失。

2. 排水

场地积水不仅不便于施工，而且也会影响工程质量，在施工之前，园林工作者应该设法将施工场地范围内的积水或过高的地下水排走。

(1)排除地面积水。在施工前，应根据施工区的地形特点在场地周围挖好排水沟，使场地内的排水通畅，而且场外的水也不致流入。在低洼处或挖湖施工时，除了挖好排水沟以外，在必要时还应加筑围堰或设防水堤。为了排水通畅，排水沟的纵坡不应小于2%。

(2)地下水的排除。排除地下水的方法很多，但一般多采用明沟，引至集水井，并用水泵排出。一般按排水面积和地下水位的高低来安排排水系统，先定出主干渠和集水井的位置，然后再定支渠的位置和数目，土壤含水量大的、要求排水迅速的，支渠分布应密些，其间距约为1.5 m，反之可疏些。在挖湖施工中应先挖排水沟，排水沟的深度应深于水体。可以一次挖掘到底，也可以依施工情况分层下挖，采用哪种方式可以根据出土方向决定。

3. 定点放线

在清场之后，为了确定施工范围及挖土或填土的标高，园林工作者应按设计图纸的要求，用测量仪器在施工现场进行定点放线工作。这一步工作很重要，为了使施工充分地表达设计师设计意图，在测设时应尽量精确。

(1)平整场地的放线用经纬仪将图纸上的方格测设到地面上，并在每个交点处立桩木，边界上的桩木依图纸的要求设置桩木的规格及标记方法。侧面须平滑，下端要削尖，以便打入土中，桩木上应标示出桩号(施工图上方格网的编号)和施工标高(挖土用“+”号，填土用“-”号)。

(2)自然地形的放线挖湖堆山，首先要确定堆山或挖湖的边界线，但这样的自然地形放到地面上去是较难的，特别是在缺乏永久性地面物的空旷地上。在这种情况下园林工作者应先在施工图上确定方格网，再把方格网放到地面上，然后把设计地形等高线和方格网的交点一一标到地面上并打桩，桩木上也要标明桩号和施工标高。堆山时，由于土层不断升高，桩木可能会被土埋没，所以桩木的长度应大于每层填土的高度。土山不高于 5 m 的，可以用长竹竿做标高桩，在桩上把每层的标高定好，不同的层可以用不同的颜色做标志，以便识别。这种方法适用于较高的山体。挖湖工程的放线工作和山体的放线工作基本相同，而且池底常年隐没在水下，所以放线可以粗放些，但水体底部应尽可能整平，不留土墩，这对养鱼、捕鱼有利。岸线和岸坡的定点放线应该准确，这不仅因为它是水上部分，有关造景，而且和水体岸坡的稳定有很大关系。为了精确施工，园林工作者可以用边坡样板来控制边坡坡度。开挖沟槽时，用打桩放线的方法，在施工中桩木容易被移动甚至被破坏，从而影响了校核工作。所以园林工作者应使用龙门板。龙门板的构造简单，使用也方便。每隔 30～100 m 设一块龙门板，其间距视沟渠纵坡的变化情况而定。板上应标明沟渠中心线位置，沟上口、沟底的宽度等。此外，板上还要设坡度板，用坡度板来控制沟渠纵坡。

(3)土方工程施工包括挖、运、填、压四个方面的内容。其施工方法可以采用人力施工，也可用机械化或半机械化施工。这要根据场地条件、工程量和当地的施工条件来决定。在规模较大，土方较集中的工程中，采用机械化施工较经济；但对工程量不大，施工点较分散的工程或因受场地的限制，不便采用机械施工的地段，应该用人力施工或半机械化施工。

①土方的挖掘。用推土机挖湖或堆山，效率较高，但应注意以下几个方面：

a. 推土前应识图或了解施工对象的情况。在动工之前园林工作者应向推土机手介绍拟施工地段的地形情况及设计地形的特点，在介绍时最好结合模型，使其一目了然。另外，推土机手施工前还要了解实地定点放线情况，如桩位、施工标高等。这样施工起来推土机手心中有数，推土机手按照设计意图去塑造地形。这一点对提高施工效率有很大关系，这一步工作做得好，在修饰山体(或水体)时便可以省去许多的劳力和物力。

b. 注意保护表土。在挖湖或堆山时，先用推土机将施工地段的表层熟土(耕作层)推到施工场地的外围，待地形整理停当，再把表土铺回来，这样做虽然比较麻烦、费工，但是保护了表面土层。

c. 桩点和施工放线要明显。推土机施工时进进退退，其活动范围较大，施工地面高低不平，加上进车或退车时推土机手的视线存在某些死角，所以桩木和施工放线很容易受破坏。

②土方的运输。一般竖向设计都力求土方就地平衡，以减少土方的搬运量，车运人挑，这在有些局部或小型施工中还经常被采用。运输距离较长的，最好采用机械化或半机械化运输。不论是车运还是人挑，运输路线的组织很重要，卸土地点要明确，施工人员要随时指点，避免混乱。如果使用外来土垫地堆山，运土车辆应设专人指挥，卸土的位置要准确，否则乱堆乱卸，必

然会给下一步施工增加许多不必要的小搬运量，从而浪费了人力和物力。

③土方的填筑。填方土料应符合设计要求，设计无规定时应符合以下规定：

a.碎石类土、砂土和爆破石渣（粒径不大于每层铺厚的2/3），可以用作表层以下的填料。

b.含水量符合压实要求的黏性土，可以用作各层的填料。

c.碎块草皮和有机质含量大于8%的土，仅用于无压实要求的填方。

d.淤泥和淤泥质土一般不能用作填料，但在软土或沼泽地区，经过含水量处理符合压实要求后可以用于填方中的次要部位。含有大量有机物的土壤、石膏或水溶性硫酸盐含量大于2%的土壤、冻结或液化状态的土壤不能作填土之用。

④土方的压实。人力夯压可以用夯、硪、碾等工具，机械碾压可以用碾压机或用拖拉机带动的铁碾。小型的夯压机械有内燃夯、蛙式夯等。如土壤过分干燥，需先洒水湿润后再压实。在压实过程中应注意以下几点：

a.压实工作必须分层进行。

b.压实工作要注意均匀。

c.压实松土时夯压工具应先轻后重。

d.压实工作应自边缘开始逐渐向中间收拢，否则边缘土方外挤易引起坍落。

土方工程，施工面较宽，工程量大，施工组织工作很重要，大规模的工程应根据施工力量施工和条件决定，工程可全面铺开也可以分区分期进行。施工现场要有人指挥调度，各项工作要有专人负责，以确保工程按期按计划高质量地完成。

任务八　课程思政：培养学生吃苦耐劳的职业素养

课程思政：

由于园林土方工程项目施工的工程项目偏远，加上项目施工有时还需要日夜加班，创业的学生需要具有吃苦耐劳的敬业精神。

素质目标：

(1)培养正确的世界观、人生观、价值观，增强“四个自信”。

(2)遵纪守法，培养规范意识、质量意识和“三农”意识。

(3)培养吃苦耐劳、诚信友善、爱岗敬业的精神。

(4)树立安全意识和生态环保意识。

(5)具有良好的沟通能力和团队协作精神。

(6)培养学生观察问题、思考问题、分析问题和解决问题的综合能力。

(7)培养学生的团队协作精神和创新精神。

(8)培养学生学习的主动性和创造性。

任务九　园林土方工程项目承包手续的办理和要求

园林土方工程专业承包企业资质分为一级、二级、三级。承包工程范围：一级企业，可承担各类土方工程的施工。二级企业，可承担单项合同额不超过企业注册资本5倍且60万立方米及以下的土方工程的施工。三级企业，可承担单项合同额不超过企业注册资本5倍且15万立方米及以下的土石方工程的施工。[以下附园林土石方工程施工合同(范本)]

园林土方工程施工合同(范本)

甲方：(发包方)____________________

乙方：(承包方)____________________

根据《民法典》和相关法律、法规等规定，为明确双方在工程承包中的权利、义务和责任，确保工程任务的全面完成，在自愿、平等、互利的原则下，经甲、乙双方协商同意签订本合同。

第一条　工程概况

(一)工程名称：____________________

(二)工程地点：____________________

(三)工程范围：本合同土方工程量约为________立方米

(四)工程总造价：经双方确定本合同综合单价为________元/立方米，全部工程造价暂定为人民币________元，大写：(　　)元整。

第二条　工程期限

根据双方协商，工程期限自______年____月____日起至______年____月____日止，若发生了不可预见或不可抗力时，工期顺延。

第三条　工程质量

乙方根据甲方提供的图纸及资料进行施工，确保工程质量，工程验收时，应按图纸和验收标准执行。

第四条　工程价款结算

(一)本合同全部工程造价的结算按下列方式办理：

本合同的工程量是暂定数量，待甲、乙双方共同校定后作为最终结算的依据。如甲方提供的图纸和说明书与实际不符的，按实际结算。

(二)工程价款结算与拨付办法：现金支付。

第五条　双方的责任

(一)甲方的责任

①因甲方提供施工图纸、地质勘查资料及地下隐蔽设施(包括水、电、煤气管道等地下管网设施等)不详、不及时或与实际不符，除了工期得以顺延以外，还应偿付给乙方由此造成的误工或停工的实际损失；由此造成的第三方的损失应由甲方负责。

②甲方派代表在工地进行技术、质量监督、检查、办理有关施工签证、验收手续等，解决应

由甲方解决的问题。

③由于甲方造成乙方施工机械、运输车辆误工或停工，甲方应负责机械停置台班费及相应的实际损失，并相应顺延工期。

④工程变更：甲方应于3日前以书面形式通知乙方，并签订补充合同或另外办理施工签证，否则造成的经济损失由甲方承担并相应顺延工期。

⑤工程竣工后，甲方应组织专门人员在15日内进行验收。

⑥不按合同规定预付或结算工程款，除了支付合同规定的预付或结算工程款以外，还应按逾期天数，以每天按逾期款项的千分之五支付滞纳金。

（二）乙方的责任

①乙方根据甲方提供的施工图纸和地质勘查资料编制施工方案，并经甲方同意后施工。

②乙方应按照编制的施工方案严格组织施工。

③乙方应制定安全措施，加强对现场施工人员的安全教育，如发生事故应由责任方负担。

④乙方应服从甲方工地代表的统一指挥。

第六条　合同纠纷

因履行本合同发生的一切争议，由当事人双方协商或调解解决。协商或调解不成的，从以下两种方式种选择其中一种（在所选项下打√，如选择仲裁方式，请注明具体仲裁委员会）。

①提交________________仲裁委员会（　　）

②依法向人民法院起诉（　　）

第七条　附则

（一）本合同自双方盖章签字后生效，合同履行完毕后自行无效。

（二）本合同如有未尽事宜，双方可以根据具体情况议定附加条款，以便共同遵守。

（三）本合同正本甲、乙双方各执一份，副本应按相关法律、法规的规定向有关部门签证备案。

甲方：　　　　　　　　　　　　　　　　乙方：

法定代表人：　　　　　　　　　　　　　法定代表人：

签约时间：______年____月____日　　　　签约时间：______年____月____日

项目二

园林给排水工程项目

【学习目标】

教学目的：了解园林给水工程的特点，水源与水质，掌握公园给水管网布置的原则、形式和要点，并熟练掌握管网布置的一般规定。

教学重点：给水管网布置的原则。埋设管道的作业条件，排水管材料机具要求。

教学难点：给水管网布置的一般规定。园林给排水工程经济效益分析，园林给排水工程量的计算方法。

任务一　园林给排水工程项目的现状分析

目前，园林给排水施工的重要性对于整个城市的园林工程施工而言，给排水工程在其中发挥着重要的作用，它可以让园林的美观以及整体绿化功能得到提高，还可以让园林的生态系统保持良好的平衡。在城市园林工程的正常施工中，园林给水工程是重要的环节，它能提供满足植物生长所需的充足水源，园林景观建筑中(比如喷泉)需要大量的用水，这也需要给水工程来对其进行支持。园林工程中的排水工程也具有重要意义，在园林管理中会产生一些污水，严重威胁到植物的健康生长，道路上如果存在较多的积水也会影响游客的通行。因此，对于城市园林的日常运行而言，给排水工程如果健全完善，就能让园林管理水平得到大幅度提升，进而减少能耗，让水资源的利用率更高是目前园林给排水工程项目主要考虑的问题。图 2-1 为园林给排水生态平衡。

任务二　园林给排水工程项目的前景分析

我国经济的快速发展在一定程度上带动了园林工程的发展。园林工程是我国城市建设中非常重要的一个组成部分，对于城市生态环境的保护有着十分重要的意义，园林给排水的设计需要

图 2-1 园林给排水生态平衡

设计师花许多心思。园林给排水的应用，若无法好好设计和治理，即会变成浑水和污水，也可能对景观本身或水景楼盘产生极为不利的影响。对于水景楼盘而言，即使销售一空，将来物业管理也会产生诸多问题，后患无穷。最近，业主为给排水污染、发黑发臭，与原来开发商楼书中效果图和承诺相去甚远等原因，与开发商打官司不断。政府有关部门也准备出台相应规定，要求开发商设计给排水的同时，一定要做好给排水的设计和治理工作。由于一般景观水体(如人工湖、人工池塘等)没有按自然水理设计，大多是一个基本封闭的系统，几无自净能力，且其内部组构不合理，加上外来物质输入，随着时间的推移必将产生富营养化，最终使得水体变得浑浊不堪，后果严重者甚至会导致水体发黑、变臭，严重影响景观水体的美观。如果居住小区内的水体及河道受到不同程度的污染，不但起不到改善小区自然环境的功能，反而会对周围的环境造成一定的不利影响，甚至会影响附近居民的正常生活。因此，如何保证小区内封闭水体的清洁、无污染已成为人们关心和头痛的话题。在我国城市应用水景，应重点注意节水问题。为此，各个城市要根据本地区的缺水现状和气候条件进行水景观设计，节约用水，做合理到位的水景。水是人类心灵的向往，人类自古喜欢择水而居。在园林水景规划设计中，水景已占据了很重要的地位，她具有水固有特性，表现形式多样，易与周围景物形成各种关系。她具有灵活、巧于因借等特点，能起到组织空间、协调水景变化的作用、更能明确游览路线、给人明确的方向感。所以说，分析水景的特性，明确水景的作用，了解水景的设计形式，利用水景和各种景观元素的关系，以表达设计的意图，是值得我们耗费精力、气力去追求、探讨的课题。图 2-2 为园林用水。

消防用水，遇到紧急情况需要进行灭火，所以要有这方面的考虑并且应保证足够的水源。园林给水工程具有以下几个特点：通常园林为了达到一定的美化效果，都会做成高低起伏的地势，有些甚至高差能达到 10 m 以上，为了能及时足量地供水，需要采用一定的水泵加压措施；大部分园林都有一个用水高峰期，比如早上用贮备水进行浇水灌溉，中午用餐时间各种生活用水量增加等，在水量供应不是很充足的情况下，应该合理地供水，采取一定的分流措施；前面已经提到，由于水的用途不同，为了节约管理运营费用，应该根据具体的用途供应不同水质的水源，比如餐饮用水应该供应饮用水源，而灌溉用水以及景观用水只要满足无毒无害即可。

图 2-2 园林用水

任务三 园林给排水工程项目施工条件分析

园林给排水工程的施工准备如下：

一、管材的选用及连接

园林给排水工程室内给水管采用 PP-R 管，热熔连接，排水管采用硬质聚氯乙烯（UPVC）排水管，每层立管设伸缩节。

二、作业条件

埋设管道，应开挖沟槽，沟槽要平直，必须有坡度，沟底要夯实。管道的铺设必须在基础达到或接近±0.00 标高，回填到管底或稍高的高度，安装管线位置无堆积物，且管线穿过建筑基础处，并按设计要求预留管洞。预留孔洞、预埋件已完成，土建支模已拆除，操作场地清理干净，安装高度超过 3.5 m 应搭脚手架，并做好安全防护。室内明装管道要与结构进度相隔二层的条件下进行安装。室内地平线应弹好，粗装修抹灰工程已完成。安装场地无障碍物。图 2-3 为埋设管道构件。

三、排水管材料机具要求

硬质聚氯乙烯（UPVC）管材、管件、支架、黏接剂应是管材厂家的配套产品。管道的规格和尺寸应与卫生洁具连接适宜，并有产品质量合格证、相关检验报告及说明书。管材内外表层应光滑，无气泡、裂纹，管壁厚度均匀，色泽一致。直管段挠度不大于 1%。管件造型应规矩、光滑，无毛刺。承口应有梢度，并与插口配套。码放时地面要平，如果上架，应多设几个支点防止管子变形。冬季要防止管子冻坏，夏季防止太阳晒管子。用到的其他材料有黏接剂、型钢、圆钢、卡件、螺栓、螺母、肥皂、铅笔等。图 2-4 为硬质聚氯乙烯（UPVC）管材。

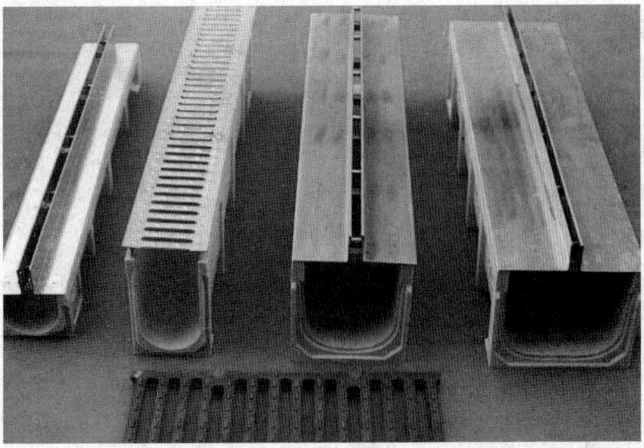

图 2-3　埋设管道构件

图 2-4　硬质聚氯乙烯(UPVC)管材

四、给水管材料机具要求

PP-R 管道的规格和尺寸应有产品质量合格证、相关检验报告及说明书，管材内外表层应光滑，无气泡、裂纹，管壁厚度均匀，色泽一致。管件应是管材厂家的配套产品。

任务四　园林给排水工程项目经济效益分析

一、园林给排水工程量的计算方法

1. 主要分项工程内容

①给水工程　(室内给水管网、给水附件、控制附件、配水附件、支架、套管、法兰)。

②排水工程(排水管网、清通设备、支管地面扫除口、法兰端盖、干管检查口室外排水井)。

③土建类配件。

④卫生设备。

⑤零星类土建工程。

2. 室内给水管网

①列项:区分室内外、管材、连接方法、规格计算。

②分界线:室内外(检查井、阀门井、水表井或外墙皮 1.5 m 作为分界)。

③计算规则。

④以标注为准。

⑤计算至卫生设备中心。

⑥以室内内墙皮为准。

⑦注意:管道与设备的分界线,以标准图为准。

3. 排水管网

①列项:区分室内外、管材、连接方法、规格计算。

②分界线:室内外(排水检查井或外墙皮 1.5 m 作为分界)。

③计算规则。

④以标注为准。

⑤计算至卫生设备中心。

⑥注意:管道与设备的分界线,以标准图为准。需要注意的是:如果卫生设备的水封(存水弯)在楼面以上,分界线以标注或楼面为准,如果卫生设备的水封(存水弯)在楼面以下,分界线以排水横管为准。

4. 计算

①执行室外焊接钢管定额,以延长米计算。

②按被穿管径加 2 号确定规格。

③厚度计算,穿墙套管以墙厚度确定,穿楼板以下面平,上面加 20～30 mm 确定长度。图 2-5 为钢套管。

图 2-5　钢套管

④法兰：以“副”为单位，规格以被穿管道直径确定，法兰阀门已包含了管道法兰，2 个法兰附件相连时，使用单面法兰。

⑤支架。除锈刷漆另计。

⑥水表：注意水表的组成（其中：螺纹水表包含了 1 个截止阀，法兰水表包含了 3 个截止阀，1 个止回阀）。

⑦给水管网：清洗消毒。

排水管网：地面清扫口、地漏、排水栓记住。

⑧其他：管道土方开挖，水磨石水池，管道支墩。

二、管道工程工程量的计算规则及内容

1. 管道工程

各种管道的组成与安装，均以施工图所示管道中心线长度以“米”为计量单位，不扣除阀门及管件（包括减压阀、疏水器、水表、伸缩器等成组安装）所占的长度。

镀锌铁皮套管的制作，以“个”为计量单位，其安装已经包括在管道安装定额内，不另计工程量。管道支架制作安装，室内管道基本直径为 32 mm 以下的安装工程已包括在内，不另计工程量。基本直径为 32 mm 以上的，按图示尺寸以“吨”为计量单位。各种伸缩器的制作和安装，均以“个”为计量单位。方型伸缩器的两臂，按臂长的两倍合并在管道长度内计算。管道消毒、冲洗，按管道的长度，不扣除阀门、管件所占的长度，以延长米为计量单位。

2. 栓类阀门的组成与安装

室外消火栓，以“组”为计量单位。水枪、水龙带及附件，按设计规定用量另行计算。室内消火栓的水龙带长度以 20 m 为准，超过 20 m 时可以按照设计规定调整，其他不变。消防水泵接合器的安装，定额按成套产品以“组”为计量单位。如设计要求用短管时，可以另行计算其本身价值，并列入材料表。各种阀门安装均以“ 个” 为计量单位。法兰阀门的安装，如仅为一侧法兰连接时，定额所列法兰、带螺帽栓及垫圈的数量减半，其余不变。图 2-6 为法兰阀门安装计量。

图 2-6 法兰阀门安装计量

3.减压器具水表的组成与安装

减压器的安装按高压侧的直径计算。减压器、疏水器的组成与安装,以“组”为计量单位。如设计组成与定额不同时,阀门和压力表的数量可以按照设计需要量进行调整,其余不变。法兰水表的安装,以“组”为计量单位。定额中的旁通管及止回阀,如与设计规定的安装形式不同时,阀门与止回阀可以按设计规定进行调整,其他不变。

4.卫生器具的组成与安装

“组”为计量单位。定额内已按照标准图综合了卫生器具与给水管、排水管连接的人工与材料用量,不得另行计算。浴盆的安装不包括支座和四周侧面的砌砖和镶边瓷砖。槽自动冲洗水箱的安装,定额内已包括水箱托架的工程量,不得另行计算。脚踏开关的安装,定额内已包括了弯管与喷头的安装,不得另行计算。

5.供暖器具组成与安装

太阳能集热器的安装,以“个单元”为计量单位,并以单元质量(包括支架的质量)套用相应定额子目录。热空气幕的安装,“台”为计量单位。热空气幕其支架制作安装另行计算。光排管散热器的制作安装,以“米”为计量单位,定额内已包括联管的长度,不另行计算。图 2-7 为太阳能集热器的安装。

图 2-7　太阳能集热器的安装

6.小型容器的制作与安装

钢板水箱的制作,按照施工图纸所示的尺寸,不扣除接管口,包括接口和法兰的重量,以“千克”为计量单位。法兰和短管按成品价另计材料费。

采用“N101”采暖通风国家标准图集和“S120”全国通用给排水标准图集的各种水箱安装,以“各”为计量单位,按水箱容量“立方米”套用相应子目录。

7.民用燃气管道及附件、器具的组成与安装

燃气管道不分室内外与连接方式,均按图示的长度不扣除管件和阀门所占的长度计算,管道安装定额内已经包括管件安装与管件(除了铸铁管以外)本身的价值。承插铸的铁管安装的接头零件本身价值,应按照设计用量另行计算。燃气管的安装,定额内已包括阀门研磨抹密封

油，不另行计算。

任务五 园林给排水工程项目施工技术分析

(一)园林给排水工程项目基础施工

(1)管沟应按设计图定位放线，并应符合如下要求：

①图纸会审时，施工人员应请设计和建设、监理单位明确管线坐标和标高的基准点。

②在施工现场，施工人员用经纬仪测定管道中心线控制桩，在管道设计标高的变坡点增设标高控制桩。

③在控制桩处钉龙门线板，龙门线板间距不大于 30 m。

④龙门线板的宽度应大于沟顶 300 mm，龙门线板顶宜水平，应标志出管线中心，沟顶开挖宽度和标高，并标出了挖沟深度。

(2)管道沟槽底部每侧的工作面宽度，管径小于或等于 500 mm 时，非金属管道为 400 mm，金属管道阈值为 300 mm。

(3)管沟边坡度可以按照表 2-1 的规定施工。

表 2-1 管沟边坡比值

土质种类	沟深小于 3 m	沟深为 3～5 m
黏土	1∶0.25	1∶0.33
亚黏土	1∶0.33	1∶0.50
亚砂土	1∶0.50	1∶0.75
砂卵石	1∶0.75	1∶1.00

(4)管道接口工作坑应根据每根管子的长度定位。管道接口工作坑可以在管道铺设前测定位置开挖。工作坑尺寸应符合表 2-2 的规定。

表 2-2 铸铁管管沟接管口工作坑尺寸 mm

管径 DN	A	B	C
75～150	600	200	250
200～250	600	200	300
300～350	800	250	300

注：A＋B 为管沟宽度，A 为承管在沟中的长度，B 为插管在沟中的长度，C 为管沟深度。

(5)人工开槽挖土、回填土应符合下列规定：

①不得影响建筑物、各种管线和其他设施的安全。

②不得掩埋消火栓、管道阀门井、雨水井、测量标志以及各种地下管道的井盖，且不得妨碍其正常使用。

③挖槽时，堆土的高度不宜超过 1.5 m，且距槽口边缘不宜小于 0.8 m。

④当挖沟槽发现地下各类设施或文物时，应采取保护措施，并及时通知有关单位处理。

⑤槽底高程允许偏差：土方应为±20 mm，土方就为＋20 mm、－20 mm。超深部分应用砂子夯平。

⑥管沟支撑应根据沟槽的土质、地下水位、开槽断面、荷载条件等因素进行设计。支撑的材料可以选用钢材、木材或钢木混合使用。

⑦管沟支撑应经常检查，当发现支撑构件有弯曲、松动、移位或劈裂等迹象时，应及时处理。

⑧水压试验前，除了接口以处，管道两侧及管顶以上回填高度不应小于 0.5 m。水压试验完毕并经检查合格后，应及时回填其余部分。

⑨回填土方应高出地面 200 mm，并呈拱形。

(6)给水的管道铺设及接口。

①铸铁管、球墨铸铁管及管件的表面不得有裂纹，不得有妨碍使用的凹凸不平的缺陷。

②铸铁管切断：有钢器、型材切割机、剁斧、链式断管器四种方法。

③常用的方法是剁斧断管：剁斧的斧柄应安装牢固，管子的断口先用石笔画线，管子断口下垫木方，剁斧顺断口线，用大锤轻剁一周剁出切割线，然后重剁 2～3 周，至管子被剁断。剁斧断管时，挥大锤的人应用力均匀，避开剁斧的正前方，并防止用力过猛而造成不规则断裂。铸铁管断口不平度不得超过 5 mm。

④水泥宜采用 32.5 级水泥，油麻应采用纤维较长、无皮质、清洁、松软、富有韧性的油麻。

⑤铅的纯度不应小于 99％。

⑥柔性接口的橡胶圈的质量、性能、细部尺寸，应符合现行国家铸铁管、球墨铸铁管及管件标准中有关橡胶圈的规定。

⑦柔性接口使用的橡胶圈必须逐个进行检查，不得有割裂、破损、气泡、大飞边等缺陷。

⑧柔性橡胶圈子接口时，在插口处涂水以起到润滑的作用。接口前应量出插入深度的记号。

(二)硬聚氯乙烯给水管道安装方法

1. 管材及配件的性能

(1)施工所使用的硬聚氯乙烯给水管管材、管件应分别符合要求。如发现有损坏、变形、变质的迹象或其存放超过规定期限时，使用前应进行抽样复验。图 2-8 为硬聚氯乙烯给水管。

(2)管材插口与承口的工作面必须表面平整，尺寸准确，既要保证安装时容易插入，又要保证接口的密封性能。

(3)硬聚氯乙烯给水管道上所采用的阀门及管件，其压力等级不应低于管道工作压力的 1.5 倍。

(4)当管道采用橡胶圈接口（R—R 接口）时，所用的橡胶圈不应有气孔、裂缝、重皮和接缝。

(5)当使用橡胶圈作接口密封材料时，橡胶圈的内径与管材插口的外径之比宜为 0.85～0.9，橡胶圈断面直径压缩率一般采用 40％。

2. 管材及配件的运输及堆放

(1)硬聚氯乙烯管材及配件在运输、装卸及堆放过程中严禁抛扔或激烈碰撞，应避免阳光暴晒，若存放期较长，则应放置于棚库内，以防变形和老化。

图 2-8　硬聚氯乙烯给水管

(2)硬聚氯乙烯管材、配件堆放时,应放平垫实,堆放高度不宜超过 1.5 m;对于承插式管材、配件堆放时,相邻两层管材的承口应相互倒置并让出承口部位,以免承口承受集中荷载。

(3)管道接口所用的橡胶圈应按下列要求保存:

3. 硬聚氯乙烯给水管道安装过程

(1)管道铺设应在沟底标高和管道基础质量检查合格后进行,在铺设管道前要对管材、管件、橡胶圈等重新做一次外观检查,发现有问题的管材、管件均不得使用。

(2)管道的一般铺设过程是管材放入沟槽、接口、部分回填、试压、全部回填。在条件不允许,管径不大时,可将 2 或 3 根管在地面上接好,平稳放入沟槽内。

(3)在沟槽内铺设硬聚氯乙烯给水管道时,如设计未规定采用基础的形式,可将管道铺设在未经扰动的原土上。管道安装后,铺设管道时所用的临时垫块应及时拆除。

(4)管道不得铺设在冻土上,铺设管道和管道试压的过程中,应防止沟底冻结。

(5)管材在吊运及放入沟时,应采用可靠的软带吊具,平稳下沟,不得与沟壁或沟底发生激烈的碰撞。

(6)在昼夜温差变化较大的地区,应采取防止因温差产生的应力而破坏管道及接口的措施。橡胶圈接口不宜在−10℃以下施工。

(7)在安装法兰接口的阀门和管件时,应采取措施防止造成外加拉应力。口径大于 100 mm 的阀门下应设支墩。

(8)管道转弯的三通和弯头处是否设止推支墩及支墩的结构形式由设计决定。管道的支墩不应设置在松土上,其后背应紧靠原状土,如无条件,应采取措施保证支墩的稳定;支墩与管道之间应设橡胶垫片,以防止管道的破坏。在无设计规定的情况下,管径小于 100 mm 的弯头、三通可不设止推支墩。

(9)管道在铺设过程中可以有适当的弯曲,但曲率半径不得小于管径的 300 倍。

(10)在硬聚氯乙烯管道穿墙处,应设预留孔或安装套管,在套管范围内管道不得有接口。硬聚氯乙烯管道与套管间应用非燃烧材料填塞。

(11)管道安装和铺设工程中断时,应用木塞或其他盖堵将管口封闭,防止杂物进入。

(12)硬聚氯乙烯给水管道橡胶圈接口适用于管外径为63～315 mm的管道连接。

4.阀门及消火栓的安装

(1)阀门安装阀杆要垂直向上,阀门下的支墩应牢固,管底与井底的距离应不小于0.25 m。阀门法兰与井壁的距离以不影响阀门启闭和法兰螺栓装卸为准,一般不小于0.25 m。

(2)地下消火栓应设在混凝土支墩上,消火栓顶部出水口距井盖底面应不大于0.4 m。

(3)水表安装应位于井底中心,水表前后设置阀门,阀门距井底和井壁均不得小于0.25 m。

5.水压试验及冲洗

(1)当管道工作压力大于或等于0.1 MPa时,应进行强度和严密性试验。

(2)管道水压试验前,应做好水源引接及排水疏导路线。

(3)管道灌水应从下游灌入,在管道凸起点应设排气阀。

(4)后背墙面应平整,并应与管道轴线垂直。

(5)管道水压试验的分段长度不宜大于1 km。在水压试验的过程中,后背顶撑,管道两端严禁站人。

(6)水压试验时,施工人员严禁对管身、接口进行敲打或修补缺陷,遇有缺陷时,应做好标记,卸压后进行修补。

(7)水压升至试验压力后,保持恒压10 min,施工人员检查接口,管道无破损及漏水现象时,管道强度试压为合格。施工人员以流速不小于1 m/s的冲洗水连续冲洗,直至出口处的浊度、色度与入水口冲水浊度、色度相同为止。冲洗时施工人员应保证排水管路畅通安全。图2-9为水压试验。

图2-9　水压试验

(三)排水闭水法严密性试验

(1)非金属排水管,管道接口的养护达到要求后,回填前用闭水法进行严密性试验。

(2)试验管段应按井距分隔,长度不宜大于1 km,带井试验。

(3)管道闭水试验时,试验管段应符合下列要求:

①管道及检查井外观检查质量已验收合格。

②在管道未回填前进行,且沟槽内无积水。

③全部预留孔应封堵,不得渗水。

④管道两端堵板的承载力经核算大于水压力的合力。除了预留进水管以外,应封堵坚固,不得渗水。

(4)试验水头应以上游检查井井口的高度为准。

(5)闭水试验客段灌满水后浸泡时间不应少于 24 h。

(6)进行管道严密试验时,外观不得有漏水现象。图为 2-10 管道严密试验。

图 2-10　管道严密试验

任务六　园林给排水工程项目施工风险分析

园林给排水工程项目施工环节中还存在一些问题,这些问题严重影响了园林工程项目的建设,阻碍了园林事业的快速发展。因此,园林工程项目建设企业应当对给排水施工中出现的问题进行深入的分析与研究,根据园林工程给排水施工中的实际情况,制订出相应的解决方案,促进园林工程项目的建设。主要体现在以下几个方面:

一、给排水管道出现漏水问题

给排水管道漏水问题是最常见的一个问题,其原因主要包括:

1.给排水管道的质量差

在园林工程项目的建设中,给排水管道的质量差是导致管道漏水的主要原因之一。对于给排水管道的质量有着严格的规定与标准,但是一些施工单位为了节约资金成本,选取一些质量比较差的给排水管道进行施工,导致给排水管道出现漏水问题。

2.给排水管道接口不合理

施工人员在对给排水管道进行接口的过程中,对油麻进行填塞的时候,没有重视填塞的均匀性,敲打石棉水泥口的时候不够密实,而给排水管道会受到温度变化的影响出现胀缩现象,导致给排水管道接口处出现漏水现象。

3.园林工程项目其他施工事项的影响

一些园林工程项目在建设过程中,对基槽进行开挖的时候过于深入,而且比较接近给水管道,导致给水管道两侧在受力上出现不均匀现象,从而致使给水管道出现漏水现象。

4.阀门的监管不合理

阀门监管不合理是造成给排水管道漏水的主要原因之一。一些园林工程项目建设中的管理人员没有重视对阀门的监管,导致园林工程项目建设中的一些阀门出现磨损、锈蚀以及损坏现象,无法有效地将阀门关闭,从而造成给排水管道出现漏水问题。

二、园林施工中给排水管道出现堵塞问题

(1)在园林工程项目建设的前期规划中,对于污水管道管径大小的设计不合理,给排水管道的管径偏小,导致给排水管道经常出现堵塞现象。

(2)园林工程项目建设中,给排水工程施工中工作人员的操作失误,例如在给排水管道的接口处缠绕的麻丝过松或者过多,导致给排水管道出现堵塞现象。

三、给排水噪声问题

针对排水噪声问题的分析,主要从两个方面进行探讨,即给水方面与排水方面。在给水方面:当园林施工中的给水管道承载的过大,且设计的给水管道管径过长或者过小的时候,给水管道就会产生相应的震动,从而发出声音。在排水方面:园林工程项目建设中的排水管道,在流经排水管道的水流处于重力流或者不充足的情况下,就会发出相应的噪声。

四、给排水管道中的供水量不足与供水压力不足

(1)给排水管道内部存在一些垃圾、杂物,导致给排水管道中的横截面积减小,对给排水管道的正常给水与排水功能造成影响。

(2)园林工程项目建设的前期规划中,对于水泵的设计不符合园林工程项目建设项目中的相关标准,水箱在安装过程中的高度不合理,无法有效地满足给排水管道在给水与排水中对于水压的需求。

五、给排水管道的管材选取不合理

在园林工程项目建设中,给排水有着自身独特的作用,所以对于给排水管道的材质方面也有相应的要求。塑料管中管壁的薄度与厚度处于不均衡的状态,抗老化性能比较差;铁管在安装过程中很容易出现砂眼、裂缝现象,而且防腐层也处于不完整的状态;一些施工单位在选取

给排水管道的时候，为了节约施工的资金成本，在给排水管道选取上选择一些价格便宜、质量差的管材。

六、给排水的节水问题

就目前来看，我国园林工程项目在建设过程中，对于给排水方面的施工要充分重视节能减排操作；一些施工中的工作人员没有重视对水资源的节约，浪费了大量的水资源，增加了园林施工中给排水资金成本的使用。所以，要改变传统的污水直流、大水漫灌等一系列浪费水资源的操作。

七、给排水施工人员的综合素质较低

园林工程项目建设中的给排水施工事项同其他施工事项一样，有其自身的施工规律，对于给排水施工人员的要求非常高。一些施工单位过于重视眼前利益，为了降低施工中的资金成本，在施工过程中没有按照园林施工中给排水设计图纸进行施工，而且一些给排水施工人员的综合素质较低，专业化水平不高，在给排水施工中的操作行为不规范，责任意识薄弱，严重影响了园林工程给排水施工的效率与质量。

八、解决给排水问题的措施

1. 解决给排水管道的漏水问题

(1)严格控制给排水管道的质量，给排水施工中的管理人员应当对给排水管道的质量进行严格审查，不符合质量标准的给排水管道不允许在施工中使用，施工企业也要建立相关的管理制度，严格把关给排水管道的质量。

(2)合理地对给排水管道进行接口，施工人员要按照相关规定中的标准对给排水管道进行接口操作。

(3)施工人员在进行其他施工事项时，要充分考虑对于给排水管道造成的影响，尽量避免影响给排水施工。

(4)施工企业应当派遣专门的管理人员对阀门进行定期的检查与维修。

2. 解决给排水管道的堵塞问题

(1)在前期规划中，设计人员要对给排水管道的管径进行合理的设计。

(2)管理人员要严格监督施工人员在给排水施工中的操作行为。

3. 采取有效的手段，降低给排水管道中发出的噪声

任务七 园林给排水工程技术解析和施工方法

一、园林给排水工程的施工技术解析

管道穿过墙壁和楼板，应设置金属或塑料套管。安装在楼板内的套管，其顶部应高出装饰地面 20 mm；安装在卫生间及厨房内的套管，其顶部应高出装饰地面 5 mm，底部应与

楼板的底部相平；安装在墙壁内的套管，其两端与饰面相平。穿过楼板的套管与管道之间缝隙宜选用阻燃密实材料填实，且端面应光滑。管道的接口不得设在套管内。管道、阀门和配件应采用不易锈蚀的材质，给水管道必须采用与管材相适应的管件。生活给水系统所涉及的材料必须达到饮用水卫生标准。排水塑料管必须按设计要求及位置装设伸缩节。如设计无要求时，伸缩节的间距不得大于 4 m。高层建筑中明设排水塑料管道应按设计要求设计阻火圈或防火套管。金属排水管道上的吊钩或卡箍应固定在承重结构上。固定件间距：横管不大于 2 m；立管不大于 3 m。楼层高度小于或等于 4 m，立管可安装 1 个固定件。立管底部的弯管处应设支墩或采取固定措施。住宅的污水排水横管宜设于本层套内。当必须敷设于下一层的套内空间时，其清扫口应设于本层，排水栓和地漏的安装应平整、牢固，低于排水表面，周边无渗漏。地漏水封高度不得小于 50 mm。与排水横管连接的各卫生器具的受水口和立管均应要求采取妥善可靠的固定措施；管道与楼板的接合部位应要求采取固定可靠的防渗、防漏措施。连接卫生器具的排水管道接口应紧密不漏，其固定支架、管卡等支撑位置应正确、牢固，与管道的接触应平整。公共功能的管道，包括采暖供回水总立管、给水总立管、雨水立管、消防立管等，不宜布置在住宅套内。公共功能管道的阀门和需经常操作的部件应设在公用部位。

二、园林给排水工程施工方法

园林给排水工程所使用的主要材料、成品、半成品、配件、器具和设备必须具有中文质量合格证明文件，规格、型号及性能检测报告应符合国家技术标准或设计要求，进场时必须做检查验收，并经监理工程师核查确认。园林给排水工程施工现场应具有必要的施工技术标准、健全的质量管理体系和工程质量检测制度，实现施工全过程质量控制。园林给排水工程的施工应编制施工组织设计或施工方案，经批准后方可实施。

防治管道渗漏的技术措施如下：

(1)管道安装时应按设计选用管材与管件相匹配的合格产品，并采用与之相适应的管道连接方式，要求严格按照施工方案及相应的施工验收规范、工艺标准，采取合理的安装程序进行施工。对于暗埋管道应采取分段(户)试压方式，即对暗埋管道安装一段，试压一段，隐蔽一段。分段(户)试压必须达到规范验收要求，在施工过程中确保管道接口的严密性。

(2)管道与器具(配件)连接时，应注意密封填料要密实饱满，密封橡胶圈等衬垫要配套、不变形；金属管道与非金属管道转换接头的质量要过关，以确保接口严密、牢固。

(3)全部安装完毕后，各种承压管道系统应按规范要求做水压试验，非承压管道系统应做灌水试验，并形成相应的记录，经监理工程师核查确认。主体施工时，按图纸的要求密切配合土建施工预埋套管(或预留孔洞)。需要预埋套管的位置，在施工图纸上要标注好规格、尺寸、标高、轴线位置，施工中跟踪检查，各级检查人员签字后方可隐蔽。各种套管应根据设计要求及相应标准图集加工制作，定位安装。

(4)预埋套管主要质量通病防治技术措施。

①防水套管应在土建主体施工时进行配合预埋，且固定牢靠，在浇筑混凝土时要有专人看护。安装管道时，对于刚性防水套管，套管与管道的环形间隙中间部位应填嵌油麻，两端要用水泥填塞捻打密实。

②安装在墙内的套管，宜在墙体砌筑时或浇筑混凝土前进行预埋；如果为砖墙，也可待墙

体砌好后开洞，安装管道时埋设套管，并用砂浆填补密实封堵。过墙套管应垂直墙面水平设置，套管与管道之间的填料宜采用阻燃密实材料。

③穿楼板的套管应在地面粉刷或铺设饰面之前埋设。穿楼板套管的固定可在套管两侧地面处焊两根圆钢，搁置在地面上，然后用砂浆封堵洞隙。若洞隙较大，板底应加托板，托板用铁丝吊在套管两侧的圆钢上，然后浇筑细石混凝土封堵。封堵前须用水冲洗，楼板堵洞宜采用二次灌堵，且抹面平整，完成后浇水养护并用水试验，以确保套管与楼板之间封堵密实，不渗不漏。套管与管道之间应采用阻燃密实材料和防水油膏填实。

(5)消火栓箱安装主要质量通病防治技术措施

①消火栓箱体的几何尺寸和厚度尺寸必须符合设计及现行技术标准的规定。消火栓应参照标准图集安装，单栓消火栓的栓口出水方向宜向下或与设置消火栓的墙面相垂直。

②暗装消火栓应在土建主体施工时预留孔洞，预留孔洞的大小、位置及标高应准确并满足消火栓及箱体安装的要求，并留有一定的调节余量。消火栓箱体在安装时要考虑装饰层的厚度；应保证箱体安装高度正确，一般箱底安装高度为 0.95 m；若带自救式卷盘，箱底安装高度为 0.90 m。

③设于砖墙上的暗装消火栓箱体上部应采取承重措施，以防止箱体受压变形而影响箱门的开启。

④按照消防要求，应将栓口接管与箱底留孔间隙处进行防火封堵；箱体背板不得外露于墙面，如箱体所在的墙面厚度小于箱体厚度，应采用防火材料对箱体背板后面进行处理，且处理后不应低于同房间耐火等级。

⑤消火栓箱内的栓、水枪、水龙带及快速接扣必须按设计规格配置齐全，其产品必须符合消防部门批准生产、销售、使用的合格品。水龙带与快递接扣一般采用 16 号铜丝缠绕 2～3 道，每道缠紧 3～4 圈，扎紧后将水龙带和水枪挂于箱内挂架或卷盘上。

任务八　课程思政：培养学生诚实守信的职业素养

课程思政：

由于给排水工程项目施工的工程涉及大量的管道和配件材料的采购和进场验收环节，所以要求创业的学生必须要诚实守信、秉公办事、一丝不苟，严格按照标准验收材料，具备把好材料验收的标准和进场的敬业精神。

素质目标：

(1)培养正确的世界观、人生观、价值观，增强“四个自信”。

(2)遵纪守法，培养规范意识、质量意识和“三农”意识。

(3)培养吃苦耐劳、诚信友善、爱岗敬业的精神。

(4)树立安全意识和生态环保意识。

(5)具有良好的沟通能力和团队协作精神。

(6)培养学生观察问题、思考问题、分析问题和解决问题的综合能力。

(7)培养学生的团队协作精神和创新精神。

(8)培养学生学习的主动性和创造性。

任务九　园林给排水工程项目承包手续的办理和要求

园林给排水工程项目的承包需要甲、乙双方签订施工合同，履行相应的手续和约定，具体的合同条款如下：

园林给水排水工程施工合同

甲方(全称)：________________________________

乙方(全称)：________________________________

依据《民法典》《建设工程施工合同》以及投标文件、招标过程中双方签署的补充文件签订承发包合同。

一、工程名称：________________________给排水工程

二、建设地点：________________________________

三、工程内容及工程量：本工程的内容及工程量严格遵循招标文件和标前答疑的有关规定，承包方投标文件的内容与之相矛盾的，以招标文件和标前答疑及施工图为准。

四、工程内容：

(1)全长约 1500 m 的自来水供水管网工程。

(2)全长约 12000 m 的排水管网工程。

(3)施工临时水电接引、临时道路，由施工单位自行解决。费用含在合同价款中。

(4)原路面的破除、清运、沿线挡土墙以及拆除建筑的垃圾外运包含在本次合同范围内，交通管理设施、路灯、绿化、沥青混凝土路面不在本次合同范围内。

五、工程承包方式：

(1)工程实行包工、包料、包工期、包质量，非经甲方同意，乙方不得将承包工程的任何部分分包。

(2)乙方不得将中标的全部工程转包给他人，也不得将其承包的全部工程肢解以后以分包的名义分别转让给他人。

(3)工程分包不能解除乙方的任何责任与义务。乙方应在分包场地派驻相应的管理人员，保证本合同的履行。分包单位的任何违约行为或疏忽导致工程损害或给甲方造成其他损失，乙方承担连带责任。

(4)分包工程价款由乙方与分包单位结算。甲方未经乙方同意不得以任何形式向分包单位支付各种工程款项。

(5)工程开工后，如发现乙方未按招投标文件和合同文件承诺兑现的，甲方有权终止合同，由此造成的一切后果由乙方承担。

(6)如甲方发现乙方未派出其投标文件和合同中所列的人员进场，甲方有权终止合同，由此造成的一切后果，由乙方承担。

六、施工时间：______年____月____日至______年____月____日止。

七、工程价格：自来水供水管道采用 50 PE 给水管，每米按 80 元计算，工程款大约________万元，结算时按实际数计算。排水管采用 DN1000 的钢筋混凝管道，每米按 220 元计算，工程款大约为________万元，结算时按实际数计算。

八、付款方式：自签订合同之日起 3d 之内预付乙方工程款的 30 %，完工后经工程监理验收合格付清全部工程款的 90 %，余下的 10 %留做保证金，如不出现问题，在______年____月日前一次付清。

九、甲方的权利和义务

1.施工中甲方解决乙方施工人员的水、电、住宿问题，但收取相应的水电费。如施工中人员与村民发生纠纷，由甲方负责调解。

2.协调解决施工用电。

十、乙方的权利和义务

1.乙方必须严格按照改水工程设计规范施工，严把质量关，保证施工质量。按照设计和监理要求，分段打压实验。服从监理的管理，服从甲方的监督管理。

2.乙方负责的施工范围和工程质量要求：

(1)施工范围、材料供应及施工材料：水表井井体、井盖、挖沟、回填、井垫层、路面切割、破碎、管道安装。

(2)砌井：采用砖、沙、石子、水泥打垫层。内径 1.2 m，深 1.1～1.2 m。

(3)乙方自购材料：砖、沙、水泥、石子等建筑材料、主管道配件、闸阀、消防栓、排气阀、分水器、由水表至入户材料、入户塑料管，各种螺丝等小料。

3.乙方自购所使用的材料必须由甲方检验合格后才可以使用，由乙方负责检测费用，向甲方提供入户管的检测报告、水泥压块取样的检测报告。

4.乙方自施工之日起，必须按要求做好施工相关的图纸资料等图纸材料，完工后交给甲方。

5.施工人员在施工过程中要注意安全，并配有必要的安全措施，要同甲方签订安全施工协议，如发生意外事故，由乙方自行负责所有的责任。如因未及时回填或施工过程中发生村民伤害，也全部由乙方负责，可找甲方协调解决。

十一、其他约定

(1)乙方在签订合同后，施工队负责厂家技术员的食宿。

(2)乙方在甲方规定工期内没有完成任务，超期一天，结算时扣除工程总价的 5%作为罚款。

(3)甲乙双方自签约之日起，如单方违约，支付给对方的违约金为总造价的 10%。

(4)本合同自签订之日起，如发生纠纷，可以协商解决，也可以据此向甲方所在的人民法院起诉。

(5)本合同一式贰份，甲、乙双方各执壹份。

发包人：(公章)	承包人：(公章)
法定代表人：	法定代表人：
______年____月____日	______年____月____日

项目三

园林道路工程项目

【学习目标】

教学目的：了解园林道路工程项目一般施工条件和施工技术分析，园林道路广场工程项目施工风险分析。

教学重点：园林道路工程项目施工条件分析，园林道路工程项目经济效益分析。

教学难点：园林道路工程项目施工技术分析，园林道路排水系统方面的解决方法。

任务一　园林道路工程项目的现状分析

近年来，园林道路建设对城市交通的美化带来了繁荣，同时也带来了一系列的环境问题，如热岛效应加剧、洪涝灾害频繁等，这些现象的出现严重影响了城市的生态环境质量及可持续发展。造成这些现象的原因有很多，其中很主要的一个原因是，城市中普遍出现了园路的硬化性铺装地面，它使城市本来就脆弱的生态环境进一步恶化。因而，园路道路铺装已不仅仅只是满足实用性和观赏性的要求，也要考虑其对生态环境造成的显著影响。因此，在城市园林绿化建设中，要建设节约型园林，需鼓励建造透水、透气性强的园路路面，节约水资源意义重大，能够收到良好的社会效益和经济效益。因此，我们必须在园路铺装观念和认识上进行调整，采取积极有效的措施，以减少人类行为对城市生态环境的影响。图 3-1 为园路铺装。

从园林的角度而言，园路道路铺装既要满足行人步行舒适的要求，也要满足图案、色彩、质地等美观性要求。道路铺装作为空间界面的一部分，和植被、建筑、山水环境等共同构成园林艺术的统一整体。由于自始至终伴随着游览者，深刻影响着风景效果，因而是整个空间画面不可缺少的重要一部分，是景观的缔造者之一。同时，铺装材料要有一定的荷载能力。

图 3-1　园路铺装

任务二　园林道路工程项目的发展前景分析

随着现代城市的发展，城市园林的风格布局越来越多样化，园路在其中起到了重要的作用。如规划式园林，园路应布局为直线和有轨可循的曲线式；而自然式园林园路应布局成无轨可循的自由曲线和宽窄不同的变形路。由此可以看出，园路的设计如同人体的骨架，在一定的程度上决定着园林的布局特点、大小及风格走向。在园林规划与设计中，园路及两旁绿化植物的设计与施工是园林道路的重要的两个部分。园路是园林绿地中道路以及广场等各种铺装地坪，是风景园林中重要的构成元素，它就像人体的脉络一样，贯穿着整个园林的交通网络，是联系各个景区和景点的纽带和风景线。图 3-2 为园路形式。

任务三　园林道路工程项目施工条件分析

一、园林道路工程施工准备

1. 材料准备

在园路广场铺装工程中，铺装材料的前期准备工作较大，为此施工人员在确定方案时应根

图 3-2 园路形式

据铺装园路及广场的实际尺寸进行图上放样,确定方案中边角的方案调节问题及广场与园路交接处的过渡方案,然后再确定各种贴面材料的数量及边角料的规格、数量。因为,在实际施工中,施工人员往往会遇到上列问题。

2. 场地放样

施工人员按照设计图所绘的施工坐标方格网,将所有坐标点测设到场地上并打桩定点,然后以坐标桩点为准,根据园路的广场设计图,在场地地面上放出场地的边线、主要地面设施的范围线和挖方区、填方区之间的零点线。图 3-3 为园路放线。

图 3-3 园路放线

3. 地形复核

施工员对照园路广场竖向设计平面图,复核场地地形,各坐标点、控制点的自然地坪标高数据,有缺漏的要在现场测量补上。

二、场地平整和找坡内容

1. 挖方与填方施工

填方区的堆填顺序应当先深后浅,先分层填实深处,后填浅处,每填一层就夯实一层,直到设计的标高处。挖方过程中挖出的适宜栽植的肥沃土壤,要临时堆放在广场边,以后再填入花坛、种植地中。

2. 场地平整与找坡

挖填方工程基本完成后,施工人员要对挖填出的新地面进行整理。要铲平地面,使地面平整度变化要限制在 0.05 m 内。施工人员根据各坐标桩标明的该点填挖高度数据和设计的坡度数据,对场地进行找坡,保证场地内各处地面都基本达到设计的坡度。

3. 施工人员根据场地旁存在建筑、管线等因素,确定边缘地带的竖向连接方式,调整连接点的地面标高。此外,还要确认地面排水口的位置,调整排水沟管底部标高,使园路及广场的地面与周边地平的连接更自然,排水、通道等方面的矛盾降到最低。

任务四 园林道路工程项目经济效益分析

园林道路工程项目的经济效益一般按照以下方法进行计量与计价:①如果是小区内,道路石材铺装,可以套土建定额;②如果跟景观绿化一起设计的也可以套园林定额,地区不同,套法也有所区别,套市政定额的地区也有;③如果是小区外,城市内的道路铺装,就套市政定额,如果道路不在城市里,就套公路定额。

任务五 园林道路工程项目施工技术分析

一、园林道路工程项目地面施工技术

(一)基层施工

基本施工的程序为:摊铺碎石→稳压→散填充料→压实→铺摊嵌缝料→碾压。

1. 摊铺碎石

施工人员可以用几块 10 cm 左右的方木或砖块放在夯实后的素土基础上,用人工摊铺碎石(碎石的强度不低于 8 级,软硬不同的石料不能掺用)。以标定的摊铺厚度,木块或砖块随铺随挪动。摊铺碎石一次上齐,上料应使用铁叉,要求大小颗粒均匀分布,纵、横断面符合要求厚度一致。料底的尘土要清理出去。

2. 稳压

施工人员先用 10～12 t 压路机碾压,碾速宜慢,每分钟为 25～30 m,后轮重叠宽 0.5 m,

图 3-5　石板铺贴

2.基本项目

(1)板块面层的表面质量应符合以下规定:

合格:色泽均匀,板块无裂缝、掉角和缺楞等缺陷。

优良:表面洁净,图案清晰,色泽一致,接缝均匀,周边顺直,板块无裂纹、掉角和缺楞等缺陷。

(2)地漏及泛水应符合以下规定:

合格:坡度满足排水要求,不倒泛水,无渗漏。

优良:坡向符合设计要求,不倒泛水,无积水,与地漏接合处严密牢固,无渗漏。

(五)施工注意事项

1.避免工程质量通病

(1)石板块与基层空鼓:主要是由于基层清理不干净;没有足够的水分湿润;结合层砂浆过薄(砂浆虚铺一般不宜少于 25～30 mm,块料座实后不宜少于 20 mm 厚);结合层砂浆不饱满以及水灰比过大等。

(2)相邻两板高低不平:板块本身不平;铺贴时操作不当;铺贴后过早上人将板块踩踏等,一般铺贴后两天内严禁上人踩踏。

2.主要安全技术措施

(1)施工人员装卸石板块时,要轻拿轻放,防止挤手或砸脚。

(2)施工人员使用手提工具时,要经试运转合格,并装漏电保护开关及可靠接地装置,操作者必须要佩戴防护眼镜及绝缘胶手套。

(3)工程开工一定按规定的程序,听从现场施工技术人员的指挥,以保证施工的安全性。

任务六 园林道路工程项目施工风险分析

园林道路工程施工的工期不能过长,这样加大了工程的复杂性,经常会出现一些特殊的质量通病,主要表现在园林道路工程路基方面。具体表现如下:

一、园林道路路基与路面

1.路基

沟槽回填土沉陷路基的强度和稳定性是保证路面强度和稳定性的基本条件,由于城市道路的地下部分铺设了各种不同的管线,因此,其沟槽回填的密实度对道路路基的影响很大,道路路基施工中,路堤填筑和管线沟槽回填是路基施工的关键部位。回填土压实的质量通病为超厚回填、倾斜碾压、填土不符合要求,这些均会造成回填土达不到密实度标准的要求,从而导致路基和路面结构沉陷,管体上部破裂,无筋管还可能会被压扁。其中,倾斜碾压会使得碾轮不能发挥最大的压实功能,坡度越大损失的压实功就越大;填土中如夹带块状物,会妨碍土颗粒间相互挤紧,达不到整体密实效果,另外块状物支垫碾轮,产生叠砌现象,使块状物的周围留下空隙,日后发生沉陷;如果回填的土层其含水量是处于饱和状态的,不可能夯实,当地下水位下降,饱和水下渗后,将造成填土下陷,从而危及路基的安全。图 3-6 为沟槽回填土。

图 3-6 沟槽回填土

防治措施:

(1)工程师向操作工人做好技术交底,使路基填方及沟槽回填土的虚铺厚度按照压路机的要求而不超过有关规定。

程师设立的线段、坡度和断面，清除不稳定土，清除滑坡等所有必要工程。

1. 标高和坐标

根据坐标只能确定矩形长度宽度的面积范围，标高需要实际测量或甲方提供相关的标高数据，只有坐标是不能知道标高的。土方量应在测算出各点的标高后，用坐标计算出相应的面积，然后根据多点的标高算出平均标高，然后根据平均标高算出需要挖土深度再乘上相应的面积就可以计算出土方量。承包商要根据以上资料准备断面图，报园林工程师批准。在进行园路铺装工程施工前承包商应在园路铺装工程施工区域定线。如园林工程师有意见可做修改，这种修改在定线前或后都可以，园林工程师应向承包商发出详细的说明，承包商将按说明修改定线以待进一步批准。

2. 水流的处理

在园林工程师要求的地方或工作保护及园路铺装工程施工需要时，承包商要提供必要的除水、排水或隔离水流的设施。此外，承包商要提供在雨季前必须发挥适当排水作用的临时性或永久性排水边沟。

3. 使用和处理挖方

在挖土过程中所有剩余的稳定土，除另有说明者外，都要用最有效的方法形成路堤。多余的土方或园林工程师书面声明的不稳定土都要由承包商处理到公路地界之外。

4. 排水沟

在园路铺装工程施工中，承包商必须建水渠、边沟或截水沟。如图纸所示或在园林工程师指令的地方建这些沟渠，不管是临时性的还是永久性的，为了避免在园路铺装工程施工期间路堤、路基、基层或基础被水浸泡，承包商要保证在路堤和沥青结构完成前排水设施足够和有效。承包商应不断地维修排水沟渠，以保证在整个园路铺装工程施工期间和保修期内排水设施能有效工作。由于未提供有效的排水设施造成水毁工程，承包商应自费修复。承包商在园路铺装工程施工时应首先修筑排水边沟，在园路铺装工程施工中由于动迁的影响没有办法修边沟排水，也应该在路堤外的适当位置设置临时积水井将水排出，这样才能保持路堤干燥，避免形成翻浆路堤，在园路铺装工程施工结束时进行全面休整以达到验收状态。在园路铺装工程施工区域内的农田灌溉至少要在园路铺装工程施工前 2 个月停止。所有表水都要排除并修筑临时性或永久性边沟以保证该区域保持干燥。图 3-8 为排水沟。

5. 沟槽开挖

在图纸上标示的地方或在园林工程师要求的地方，承包商应按要求开挖沟槽。在没有园林工程师批准的情况下不能开挖。此工作视为普通开挖。

6. 路堑、路基的边坡修筑

施工人员按园林工程师的要求必须从边坡上把浮土或浮石清除。

7. 填筑原有沟渠

在必须将原有沟渠改道的区域内，要清除所有的有机物和松软的沉积物，并用合格的稳定土予以回填。

二、土方开挖

挖掘包括所有的土方挖掘和岩石挖掘，这些挖掘在划定的界线内进行，如图纸所示或按园林工程师指示，(结构挖掘除外)所有挖掘出的土的清除、运输、适当利用和处理都要依图纸上

图 3-8 排水沟

注明的开挖线、水平线、坡度、尺寸及截面并按园林工程师的要求去实施。

路堑园路铺装工程施工就是施工人员按设计要求进行挖掘,并将挖掘出来的土方运到路堤地段作填料,或者运往弃土地点。它虽然不像路堤填筑那样有填料的选择和分层压实问题。但是,路堑是由天然地层构成的,天然地层在生成和演变的长期过程中一般具有复杂的地质结构,处于地壳表层的路堑边坡,开挖暴露于大气中,受到各种自然因素和人为因素的影响,比路堤边坡更容易发生变形和破坏。路堑边坡的稳定与园路铺装工程施工方法有着密切的关系,例如,园路铺装工程施工开挖边坡过陡,弃土堆离边坡太近,园路铺装工程施工中排水不良,支挡工程未及时做好,这些都会引起边坡失稳,发生塌滑。路堑的开挖方式应根据路堑的深度和长度,以及地形、土质、土方调配情况和开挖机械设备的因素确定,以加快园路铺装工程施工进度和提高工作效率。图 3-9 为路堑开挖。

图 3-9 路堑开挖

3. 布土

合理的土方调配和运土路线是非常重要的。施工人员应根据取土场位置及地形确定经济、合理的运土路线。布土时施工人员应根据压路机能达到的压实厚度(规范规定或经监理园林工程师同意的厚度)计算卸车数量,例如每层填土压实厚度不大于 20 cm 时,一车土 8 m^3,可摊铺 30 m^2。自卸汽车从取土场把土运到铺筑现场,从一端开始,左右成排,前后成行等距离布土。只要把布土的位置和稀疏密度掌握好了就可以提高摊铺速度。

4. 平地机整平

当一段落(50 m 以上)由推土机摊平并经复测符合要求时就可用平地机进行工作。平地机整平方法是由路中开始向道路两侧推进,如此往返 3 次,一般就可以达到平整度的要求。在平整时注意路基的纵坡和横坡,尤其是在雨季园路铺装工程施工时,横坡应该适当加大以利路基排水,一般情况路基横坡要求 2 %,为利于排水可加大到 3%～4%。

四、构造物台背回填

构造物台背回填质量直接影响到路面质量,填筑不好会出现沉降差,发生跳车现象,影响行车速度、舒适与安全,甚至会影响构筑物的稳定,出现交通堵塞现象。解决这一难题的关键是选择适当的填料及填筑方法:

1. 填料

应选择渗水性较强的砂石料,从路基底一直填到结构顶。涵洞填到盖板顶,桥梁填到桥头搭板底;挡土墙内侧填到路基底基层底面。

2. 填筑范围

桥梁台背后上部距翼墙尾端顺路线方向至少为台高加 4 m,下部距基础内缘至少为 3 m;涵洞两侧不小于孔径的 2 倍;挡土墙内侧不小于 50～80 cm 宽。

3. 填筑方法

路堤土填筑完成以后,检查结合部位的压实度是否合格,然后挖成台阶,台阶高度小于 30 cm,长度大于 50 cm。分层填筑,分层压实。压实机具采用小型压路机或打夯机。

4. 填土填筑

施工人员应从构造物两侧均衡填筑,避免对构筑物形成楔形压力。应等构筑物混凝土强度达到至少 70 %时进行填筑。填筑高度应至少高出构筑物 50 cm 以上。

五、软土地基路基园路铺装工程施工

所谓软土,从广义上讲,就是强度低、压缩性高的软弱土层。在软土地基上修筑路基,若不加处理,往往会发生路基失稳或过量沉陷,导致公路被破坏或不能正常使用。人们习惯上常把淤泥、淤泥质土、软黏性土总称为软土。软土的特性主要表现为天然含水率高、孔隙比大。含水量在 34%～72%之间,孔隙比在 1.0～1.9 之间,饱和度一般大于 95%,液限一般为 35%～60%,塑性指数为 13～30。

1. 软土路基常用的加固方法

当路堤经稳定验算或沉降计算不能满足设计要求时,必须对软土地基进行加固。加固的方法很多,常用的方法有:

(1)塑料排水板。塑料排水板是带有孔道的板状物体,插入土中形成竖向排水通道。因其园路铺装工程施工简单、快捷，应用较为广泛。最大有效处理深度 18 m。

(2)砂井。砂井是利用各种打桩机具击入钢管，或用高压射水、爆破等方法在地基中获得按一定规律排列的孔眼并灌入中、粗砂形成砂柱。由于这种砂井在饱和软黏土中起排水通道的作用，因此又称排水砂井。砂井顶面应铺设垫层，以构成完整的地基排水系统。砂井适用于软土层厚度大于 5 m 时。

(3)袋装砂井。井经对固结时间的影响没有井距那样敏感。但一般砂井如果井径太小，既无法进行园路铺装工程施工。因此，现在广泛采用网状织物袋装砂井，其直径仅有 8 cm 左右，比一般砂井要省料得多，造价也比一般砂井低廉，且不会因园路铺装工程施工操作上的误差或地基发生水平和垂直变形而丧失其连续性。最大有效处理深度为 18 m。

(4)排水砂垫层。排水砂垫层是在路堤底部地面上铺设一层较薄的砂层，将水从砂层中排出去。

(5)土工织物铺垫。在软土地基表层铺设一层或多层土工织物，既可以减少路堤填筑后的地基不均匀沉降，也可以提高地基的承载能力，同时也不影响排水。对于淤泥之类高含水量的超软弱地基，在采用砂井及其他深层加固法之前，土工织物铺垫可作为前期处理，以提高园路铺装工程施工的可能性。

(6)预压。在软土地基上修筑路堤，如果工期不紧，可以先填筑一部分或全部，使地基经过一段时间的固结沉降，然后再填足和铺筑路面。

(7)挤实砂(碎石)桩。挤实砂桩是以冲击或震动的方法强力将砂、石等材料挤入软土地基中，形成较大的密实柱体，提高软土地基的整体抗剪强度，减少沉降。

(8)旋喷桩。施工人员利用工程钻机，将旋喷注浆管置入预定的地基加固深度，通过钻杆旋转，徐徐上升，将预先配制好的浆液，以一定的压力从喷嘴喷出，冲击土体，使土和浆液搅拌成混合体，形成具有一定强度的人工地基。最大有效处理深度为 20 m。

(9)生石灰桩。用生石灰碎块置于桩孔中形成桩体，称为生石灰桩。最大有效处理深度为 20 m。

(10)换土。采用人工或机械挖除路堤下的全部软土，换填强度较高的黏性土或砂、砾、卵石、片石等渗水性材料。

(11)反压护道。反压护道是在路堤两侧填筑一定宽度和一定高度的护道。它是利用力学平衡以保持路基的稳定。

2. 园路铺装工程施工现场常用处理软土路基及弹簧土的方法

在园路铺装工程施工中经常碰到的情况多数不是软土地基，因为如果有软土地基，一般情况下在设计时应该根据地质资料提出处理方法。多数情况是有局部地段地质的情况和原来设计不同，出现局部地基承载力达不到设计要求，或者由于局部地段含水量过大(原有的排水系统不畅，原有地基土质渗水性不好)造成地基软弹。根据出现的这些情况一般常用的方法主要有：

(1)换填。这是最常用的方法。这种方法最大有效处理深度 3 m。采用人工或机械挖除路堤下的全部软土，换填强度较高的黏性土或砂、砾、卵石、片石等渗水性材料。换填的深度要根据承载力来确定。

(2)抛石填筑。抛石填筑就是在有软土或弹簧土以及有积水的路段填石头，填石的高度以露出要处理的路段原有土层(或积水)高度为宜。在填石的过程中注意一定要用推土机把石块

2.协调好各专业与绿化施工之间的关系。

3.负责提供地下管线的相关资料。

4.工程竣工后组织工程验收，并按合同约定审定竣工结算。

5.按合同约定支付工程款。

八、乙方的责任

1.按甲方审定的设计图纸、工程量清单及国家有关园林绿化及室外铺装施工技术规范进行施工。

2.所栽苗木的质量必须符合工程要求，不得擅自改变苗木的品种、规格及质量，所有苗木必须经过甲方的验收合格后方可栽植；现场施工中，如有设计及品种修改，需接甲方的书面变更通知单后实施。

3.乙方需办理好施工的一切相关手续，服从当地政府主管部门的监督和管理，费用自理。

4.施工过程中，乙方必须服从甲方的监督检查和质量管理，如因质量问题造成返工，其费用由乙方全部负责。

5.乙方包栽包活，在栽植完工后要养护苗木 12 个月，其间发生的费用由乙方负担。两年内苗木死亡的，由乙方免费更换。

6.已竣工工程未交付甲方之前，负责已完工工程的保护工作。

7.施工应服从甲方及监理的统一管理及协调。从甲方指定的水电接驳点接驳，施工用水、电的费用由乙方承担。

8.施工中，乙方应注意对施工现场已有的建筑物及地下、地上市政配套设施及电缆沟进行保护，如因乙方的原因造成的损失及严重后果，概由乙方负责赔偿，并承担一切责任。

9.乙方未经甲方的书面同意，不得将本工程转让或分包给其他的单位，否则甲方有权终止合同。

10.全部工程完工后，乙方负责清运施工所产生的垃圾，做到工完场清。

11.乙方在履行合同的施工过程中必须保证农民工工资的按时发放。因乙方的资金不足，严重拖欠农民工工资，因此受到上级主管部门的追究又拒不改进时，乙方除承担相应责任外，甲方可视为乙方违约，有权按上级主管部门的要求，直接从应付工程款中代扣欠发农民工工资数额，并由乙方提供付款收据，乙方应承担代发工资总额 100%的罚款。

12.安全文明施工：乙方应制定完善的安全文明施工管理制度，按规定支出安全文明施工相关费用。乙方必须严格遵守××市安全监督管理部门及总承包单位现场安全管理的各项管理规定并落实到位；应全面负责本单位施工人员的人身安全及保险事宜，按国家规定及施工需要做好安全防护的各项措施，施工中负责管理乙方自有施工人员、财产及乙方合作单位人员（如乙方的材料设备供应商、外聘设备维修人员等）、财产的安全，如发生安全事故，所产生的全部罚款、经济赔偿及安全责任均由乙方承担。

九、保修期：园林绿化工程施工，自工程竣工验收合格之日起，免费养护管理期为一年，免费保活期为两年；室外铺装工程施工，保修期为两年。

十、养护

1.乙方派人负责对本工程进行为期一年的一级免费养护工作。

2.乙方应向甲方递交一年养护期的《绿化工程养护计划书》。

3.如乙方派人养护苗木工作不力，造成苗木枯死的，乙方应补种。

4. 因死亡而重新更换的苗木，需经过一年的养护后予以确认。

十一、工程验收

第一标段：园林绿化工程施工，施工单位应严格按照设计图纸、标准图集的要求及《城市园林绿化工程施工及质量验收规范》（CJJ/T82—2012）的要求施工，并按照相关专业的技术规范要求整理竣工资料，工程质量以甲方或监理公司的检验为最终检验。

第二标段：室外铺装工程施工，施工单位应严格按照设计图纸、标准图集的要求，《城镇道路工程施工与质量验收规范》及《建筑装饰装修工程质量验收规范》的要求施工，并按照相关专业的技术规范要求整理竣工资料，工程质量以甲方或监理公司的检验为最终检验。

十二、违约

1. 违约的处理：合同双方中的任何一方不能全面履行合同条款，均属违约。违约所造成的经济损失，概由违约方承担赔偿。

2. 因乙方拖延工期，按每拖延一天，乙方应向甲方交违约金人民币 1000 元。甲方可从乙方的工程款内扣除。

十三、未尽事宜，双方另行协商解决，本合同在履行过程中如发生争议，由双方当事人协商解决，协商不成时可向工程所在地有管辖权的人民法院起诉。

十四、本合同一式柒份，甲方执伍份，乙方执贰份，均具有同等法律效力，双方盖章后生效。

甲方：（盖章）	乙方：（盖章）
法人代表：（或委托人）	法人代表：（或委托人）
______年____月____日	______年____月____日

项目四

园林建筑小品工程项目

【学习目标】

教学目的：了解园林建筑小品工程的一般施工条件和技术分析，园林建筑小品工程项目施工风险分析。

教学重点：园林建筑小品工程的施工条件，园林建筑小品工程在施工过程中存在施工环境的风险。

教学难点：园林建筑小品工程项目施工条件分析，园林建筑小品工程项目经济效益分析，建筑小品施工脚手架安全措施。

任务一　园林建筑小品工程项目的现状分析

随着城市不断地向现代化方向发展，城市园林的建设数量不断地增多，作为对城市形象提升具有重要作用的园林，当前的建设标准也不断地提升，其中，对园林工程起着画龙点睛作用的园林建筑小品在当下的应用规模不断扩大，对园林建设水平的提高起到了重要作用。园林建筑小品作为整个园林形象的装点，只有具有自身的特色，才能彰显园林整体的建设风格，体现出园林形象与众不同的特性。无论是从园林建筑小品种类的选择以及不同种类相互之间协调搭配的方式上，还是从每个园林建筑小品自身的建设风格上，均应具有自身相对独立、完整的特性，避免简单模仿其他园林的建设风格，出现雷同化的无特色现象，这样不利于园林保持持久的生命力。园林建筑小品作为园林整体建设的一部分，园林设计师必须在设计以及建设中从园林的整体风格进行着眼。图 4-1 为园林建筑小品。

园林设计师不仅要保证园林建筑小品与其他的园林建设方面相互呈现和谐状态，而且还要保证园林建筑小品能充分照应和体现园林整体的建设风格，切不可另起炉灶，这样不仅不利于园林整体形象的美化，而且还会显得突兀而起到反作用。鉴于当下人们对回归自然的渴望，

图 4-1　园林建筑小品

以及对生态环境需求的不断提高，园林设计师应在设计中注意添加生态元素，保证园林建筑小品建设的低能耗，并尽量使得园林建筑小品的存在可以使得整个园林更具有自然生态感，满足人们的心理需求。

任务二　园林建筑小品工程项目的前景分析

时代的发展、社会的进步让园林艺术越来越走进了老百姓的生活。今天的园林建筑小品更注重满足人的使用，而不仅仅是作为观赏的艺术品。那么，今天的园林建筑小品要求园林设计工作者必须以人为本，更加注重人与自然的和谐。园林建筑小品分类设计及其在园林中用途的探讨，将会提高我们园林需求的时代意义，使园林建筑小品能更好地为广大百姓服务。图 4-2 为园林建筑小品的时代性。

园林建筑小品源远流长。从我国最早的上古园林时代，亦即三皇五帝时代对神的图腾崇拜“囿”中的灵台、龙、麒麟、白鸟、龟、图腾柱，到明清时代皇家园林、私家园林中的华表、石刻、灯柱、孤赏石等，再到现代都市园林绿地中的各类座椅、指示标牌、垃圾箱、园灯等都是园林建筑小品。图 4-3 为园林建筑小品的形式。

由此可见，园林建筑小品无论是在古典园林中还是在现代园林中都有它不可或缺的地位。翻开浩瀚的园林设计史，我们会发现不同的园林设计师对园林建筑小品的概念和特点的理解也各有不同，而园林建筑小品又是园林设计中重要的要素之一，如何更好地认识并理解园林建筑小品的含义，对园林建筑小品进行科学的划分类别并充分了解其在园林中的用途，这将直接关系到园林设计师在实际设计工作中的思维意识。园林建筑小品的主要用途就是通过作品本身的艺术感染力给人以强烈的艺术感受，从而给人以美的联想。园林建筑小品能将周围的环境衬托得更加和谐、更加漂亮。由于它们所处的位置一般都很重要，所以大多在景区中心成为主要景观或是全园的中心。

图 4-2　园林建筑小品的时代性

图 4-3　园林建筑小品的形式

任务三　园林建筑小品工程项目施工条件分析

一、园林建筑小品工程的施工条件

园林建筑小品工程由发包方在开工前完成施工场地开工必须具备施工的“三通一平”(即水通、电通、道路通和场地平整),工程建设开工前所需的一切手续及准备工作已完备。现场交通便利,利于现场管理。在施工过程中施工人员将以项目法施工为原则,克服各种不利因素,创造一流的管理水平、一流的工程质量、一流的工程进度,以合格工程为目标,圆满地完成本标段工程的施工任务。

二、施工现场平面布置

1.施工现场平面布置

(1)满足施工作业需求,布置紧凑合理,达到有利生产、方便生活、安全防火和环境保护的要求。

(2)布置各工种施工区域,应尽量减少各工种之间的交叉作业。

(3)布置临时设施用房,拟在附近租赁商品房以满足施工人员生活的需要。

(4)符合劳动保护、技术安全和防火的要求。

(5)在施工现场办公室的墙面挂上“五牌二图”(即工程概况牌、管理人员名单及监督电话牌、消防保卫牌、安全生产牌、文明施工牌;二图就是施工现场平面图、施工现场消防平面布置图)。

2.施工用水、用电

(1)施工用电:建设单位已将电源接至施工区域,供施工现场用电。

(2)施工用水:由建设单位协调将水源接至施工现场,以满足施工要求。

任务四　园林建筑小品工程项目经济效益分析

一、砖石工程

(1)砖石基础不分厚度和深度,按设计图示尺寸以立方米计算,应扣除混凝土梁柱所占的体积。大放脚交接重叠部分和预留孔洞均不扣除。图 4-4 为勾缝。

(2)砖砌挡土墙、沟渠、驳岸,毛石砌墙和护坡等砖石砌体,均按设计图示尺寸的实砌体以立方米计算。沟渠或驳岸的砖砌基础部分,应并入沟渠或驳岸体积内计算。

(3)砖柱基础应合并在柱身工程量内,按设计图示尺寸按立方米计算。

图 4-4　勾缝

(4)围墙基础和突出墙面的砖垛部分的工程量,应并入围墙内按设计图示尺寸按立方米计算。遇有混凝土或布瓦花饰时,应将花饰部分扣除。

(5)勾缝按平方米计算,应扣除抹灰面积。

二、水池、花架及小品工程

(1)水池池底、池壁、花架梁、檩、柱,花池、花盆、花坛、门窗框以及其他小品制作或砌筑,均按设计图示尺寸,按立方米计算。图 4-5 为水池小品。

图 4-5　水池小品

(2)预制混凝土小品的安装,按其体积,按立方米计算。

(3)砌体加固钢筋,按设计图示用量,按吨计算。

(4)模板刨光,按模板接触面,按平方米计算。图 4-6 为砌体加固。

图 4-6　砌体加固

三、假山工程

(1)叠山、人造独立峰(图 4-7)、护角、零星点布、驳岸、山石踏步等假山工程量,一律按设计图示尺寸以吨计算;石笋安装以支计算。

假山工程量计算公式:$W=A\times H\times R\times K$

式中,W——石料重量(t)。

A——假山平面轮廓的水平投影面积(m^2);

H——假山着地点至最高顶点的垂直距离(m);

R——石料比重:黄(杂)石 2.6 t/m^3、湖石 2.2 t/m^3;

K——折算系数:高度在 2 m 以内,$K=0.65$,高度在 4 m 以内,$K=0.56$。

峰石、景石、散点、踏步等工程量的计算公式:$W_{单}=L_{均}\times B_{均}\times H_{均}\times R$

式中,$W_{单}$——山石单体重量(t);

$L_{均}$——长度方向的平均值(m);

$B_{均}$——宽度方向的平均值(m);

$H_{均}$——高度方向的平均值(m);

R——石料比重(同前式)。

(2)峰石、石笋的高度,均按石料的实际高度计算。

(3)超运距人工运石料,按相应假山工程项目的预算材料量计算。

(4)塑假山的工程量计算,均按外形表面的展开面积,按平方米计算。

四、步桥工程

(1)桥基础按设计图示尺寸按立方米计算。图 4-8 为步桥工程。

图 4-7　人造独立峰

图 4-8　步桥工程

(2)现浇混凝土柱(桥墩)、梁、门式梁架、拱碹等,均按设计尺寸,按立方米计算。

(3)现浇桥洞底板,按设计图示厚度,按平方米计算。

(4)预制混凝土拱碹、望柱、平桥板的制作和安装,均按设计图示尺寸,按立方米计算。

(5)砖石拱碹砌筑和内碹石安装,均按设计图示尺寸,按立方米计算。

(6)金刚墙方整石、碹脸石和水兽(螭首)石安装,均按设计图示尺寸,分别按立方米计算。

(7)挂檐贴面石,按设计图示尺寸,按平方米计算。

(8)型钢锔子、铸铁银锭安装,按个计算。

(9)仰天石、地伏石、踏步石、牙子石安装,均按设计图示尺寸,按延长米计算。

(10)河底海墁、桥面石安装,按设计图示面积、不同厚度,按平方米计算。

(11)石栏板(含抱鼓)安装,按设计底边(斜栏板按斜长)长度,分别按块计算。

(12)石望柱安装,按设计高度,分别以根计算。

(13)预制构件的接头灌缝,除杯型基础按个计算外,其他均按构件的体积,按立方米计算。

(14)预制桥板支撑,按预制桥板的体积,按立方米计算。

五、装饰及杂项工程

(1)水池、墙面和桥洞的各种抹灰,均按设计结构尺寸,按平方米计算。

(2)各种建筑小品抹灰。

①须底座按垂直投影面积,按平方米计算。

②花架、花池、花坛、门窗框、灯座、栏杆、望柱、假山座、盘,以及其他小品,均按设计结构及尺寸,按平方米计算。

(3)油漆。

①铁栅栏及其他金属部件,均按其安装工程量,按吨计算。

②抹灰面油漆及刷浆,按抹灰尘工程量,按平方米计算。

(4)圆桌和圆凳安装及其基础,按件计算。

(5)铁栅栏安装,按设计图示用量,按吨计算。

(6)选洗石子,按相应工程项目的定额用量,按吨计算。

(7)找平层,分厚度按设计图示尺寸,按平方米计算。

(8)豆石混凝土灌缝,按设计图示缝隙容积,按立方米计算。

(9)卷材防水层,不分平面、立面,按设计图示面积乘 1.05 的系数,按平方米计算。

(10)油膏灌缝,按设计图示长度,按延长米计算。

(11)混凝土构件综合运距运输,按工厂制品预制构件的体积,按立方米计算。

任务五 园林建筑小品工程项目施工技术分析

一、施工应注意的问题

模板支设要求有足够的强度和稳定性,构造简单,便于拆装,接缝严密,不得漏浆。钢筋绑扎劳固,符合设计要求的型号及密度,绑扎与安装符合技术规范,砼包裹厚度不低于最低要求。砼浇筑,自由倾落大于 2 m 时须用串桶或溜槽,浇筑应分层连续进行,每层最大厚度不超过 50 cm;用平板或插入式振捣器振捣密实,间隔时间大于 2 h 时,做结合缝处理。浇筑完成后,应在 12 h 内加以覆盖和浇水,养护期不少于 7 d。

二、其他部分施工时,按照有关规定及设计要求进行

1.模板工程

模板均用 18 厚七夹板,模板支撑及加固系统采用 50 mm×100 mm 木枋、碗扣式支撑架、ϕ48 钢管、14 对拉螺栓等。为了防止漏水,外墙板支模加固用的对拉螺栓要加止水阀。模板

均在现场加工成型，现场拼装，并刷隔离剂。加工时，尺寸要准确，并派专人进行检查。安装时，模板的表面要平整，接缝要严密。顶板支模采用碗扣式支撑架，侧墙板采用钢管或钢管斜撑。模板及承撑系统支设完后，施工人员应加强检查，保证能稳固地承受新浇砼的重量、侧压力及施工荷载，保证结构的形状、尺寸、相互位置正确。

2.钢筋工程

钢筋进场必须有出厂合格证和复检报告，进口钢材必须做化学成分检验，并将合格证书和钢材复检报告提交给监理工程师，待检验合格后方可使用。钢筋均集中在现场加工，加工成型的半成品应挂牌标识，分堆整齐，经质检员检查合格后方可运至施工点绑扎安装。钢筋绑扎必须符合设计及施工规范要求，并设垫块来保证保护层的厚度。砼垫块应采用与结构相同砼制成，并与所有镀锌绑扎钢丝嵌入该结构内。钢筋焊接操作人员必须持证上岗，各种焊接接头需现场随机取样送检。绑扎钢筋时，对顶板、底板有上、下层钢筋网的板钢筋，按 1 m×1 m 的间距加设蹬筋；侧壁两层钢筋之间设拉筋。钢筋均为Ⅰ级钢筋。监理对安装的钢筋检查合格并签认隐蔽验收记录后方能进行砼浇筑。

3.砼工程

结构砼均采用商品砼，砼全部采用汽车式砼输送泵直接泵送至浇筑点。砼强度等级为C10—C30，要求采用普通硅酸盐水泥或矿渣硅酸盐水泥，水泥标号≥525 #。在浇注砼前，商品砼的供货方应提供水泥、砂、石的复检报告及砼配合比报告单。在施工现场，施工人员按规范要求做好砼试块，并认真做好砼试块的养护工作，同时必须做好砼施工记录；砼试块送检应做到有见证送检。为了满足泵送工艺对砼和易性的要求，保证泵送顺利，同时为了早拆模，砼中可以分别掺入一定比例(由试配确定)的早强减水剂和粉煤灰。在浇筑砼前，施工人员应对模板及支撑系统进行校正、加固，对模板浇水使之湿润，同时检查钢筋、预留洞等是否漏埋(留)，位置是否准确，是否签认了隐蔽工程验收记录等。浇筑砼时，施工人员应跟踪检查，发现异常情况应及时妥善处理。砼运至浇筑地点后，施工人员应立即浇筑入模，以控制砼的均质性和密实性；箱涵侧壁采用串筒或斜槽下料。砼应分层连续浇筑，当必须间歇时，时间应控制在前层砼凝结之前，并不得产生人为的施工缝。对施工缝部位的砼，施工人员在下一次浇筑砼前必须凿毛并冲洗干净，并用同标号水泥砂浆接浆 5 cm 厚，黏附在钢筋上的水泥浆用钢丝刷清除干净。施工人员采用插入式振动棒振捣。振捣时，要将砼振捣密实，振捣时间以表面砼不再显著下沉，不再出现气泡，表面泛起灰浆为准。砼浇筑完毕且初凝后，应派专人养护使之经常保持湿润，养护至少 7 d。

4.施工缝和伸缩缝的设置

(1)施工缝的设置部位。施工缝设置在底板腋角斜钢筋顶部，侧墙板中埋 3 mm×400 mm 钢板止水带，埋设位置在墙板中心线处。施工缝处理砼充分凝固后，施工人员应立即使用硬质刷将施工缝表面打毛，露出大粒径骨料，不得将骨料刷松。在第二次浇筑时，施工人员应清除所有的松散材料并用水冲洗表面直到完全清理，之后，施工人员还应清除所有的积水，并用同标号水泥砂浆接浆 5 cm 厚。

(2)伸缩缝的设置。设计师设计要求暗渠每间距 30 m 设伸缩缝一道，确定伸缩缝的具体位置，伸缩缝按设计要求进行处理。

三、其他园林小品(如花架、梁、柱、亭、步桥、桌椅等)的施工

施工方抽调公司内部相关专业人员，组建具有丰富经验的施工队伍，安装要安全、牢固、美

观、大方，并及时进行清洁保养，以保持良好的观赏效果。同时施工方可以聘请有关专家、专业人士进行现场指导，始终把质量放在第一位，真正体现设计预期的景观效果。

四、涂料的粉刷

(1)基层处理：各墙体表面的浮砂、灰尘、疙瘩等要清除干净，表面的隔离剂、油污等应用碱水清刷干净，然后用清水冲洗掉墙面上的碱液等。

(2)喷、刷胶水：刮腻子之前在墙面上先喷、刷一道胶水，需要注意的是喷、刷要均匀，不得有遗漏。

(3)填补缝隙、局部刮腻子：施工人员用水石膏将墙面缝隙及坑洼不平处分遍找平，并将野腻子收净，待腻子干燥后用1号砂纸磨平并把浮尘等扫净。

(4)刷、喷浆：待第二遍浆干后，施工人员用细砂纸将粉尘、溅沫、喷点等轻轻磨去，并打扫干净，即可刷喷交活浆。交活浆应比第二遍浆的胶量适当增大一点，以防止刷喷浆的涂层掉粉。

五、技术说明

(1)花架放线位置需与现场相结合，尺寸可以做适当的调整。

(2)构件加工需平直、光滑，混凝土构件需刮腻子，硬木构件需刨光油漆。

(3)木格片加工要求平直、光滑，刷清漆二次。

(4)铸铁花需与厂家联系定样，施工中需先考虑与构件固定问题。

(5)混凝土支模要求表面洁净光滑。

任务六　园林建筑小品工程项目施工风险分析

一、园林建筑小品工程在施工过程中存在施工环境的风险

经现场勘察基建工地外侧，对噪声的控制标准较高，特别是四周有较密集的居民住宅区的。为减少施工对周围环境的干扰，减少噪声的影响是园林建筑小品工程技术措施和人为因素控制的重要环节。为了有效地降低噪声，使之对周围环境的影响降到最低限度，施工方特制订如下方案：

(1)认真安排施工计划，尽量避免将砼浇筑高峰期间安排在夜间。

(2)做好机械设备的保养保修工作，对机械设备定期检查，定员负责检修和保养，保持良好的运行，从而更好地控制噪声。

(3)运输材料的车辆进入现场，严禁鸣高音喇叭。

(4)施工现场环境管理。

施工单位要建立现场环境管理责任制，从领导到职工、从施工单位到分包单位，均要树立“环保”意识。易燃易爆及危险化学品应有专职保管及施工使用控制措施，工地废水、生活污水均有排除措施。

二、安全生产管理风险

施工单位要建立以项目经理为首的现场安全生产体系，设专职安全员一名，全面负责现场安全生产的监督和整改工作。安全管理体系：项目经理→专职安全员→各专业组长→全体施工人员。

(1)施工单位严格贯彻执行国家颁发的《建筑施工安全技术操作规程》和其他有关文件、安全防护规定。

(2)施工单位在施工前应逐级做好书面安全技术交底工作，检查安全防护措施，要对机械设备和电气设备等进行检查，确定其符合要求后方能使用，同时应做好施工记录。

三、防火和防雷设施

(1)建立防火责任制，将消防工作纳入施工管理计划内，工地负责人在向职工进行安全教育的同时也应进行防火教育，定期开展防火检查，发现火灾隐患应及时整改。

(2)要配备一定数量的消防灭火器材。

(3)施工机械安全防护一般规定。

①各种机械设备的操作人员都必须经过专业与安全技术培训，经有关部门考核合格后方准上岗，严禁无证人员操作。

②各种机械操作人员都必须懂得所操作机械的性能、安全装置，熟悉安全操作规程，能排除一般故障和进行日常维护保养。

③在工作时，操作人员必须穿戴好防护用品，集中思想，服从指挥，谨慎操作，不得玩忽职守或将机械随意交给他人操作。

④交付现场使用的机械设备必须性能良好，防护装置齐全，生产及安全所需物品配套，并经设备部门和现场负责人的认可后方能使用。

⑤机械设备进入作业点，工程负责人应对操作人员进行作业任务和安全技术措施的详细交底。

(4)现场临时用电的一般规定。

①施工单位必须建立健全电气安全管理制度和各级岗位责任制，加强施工现场的各类电气设备和线路管理，技术部门和安全部门负责监督检查，现场的值班与维修电工应负责管辖各自职责范围内的电气设备及线路的正常运行。

②对施工用电进行专项用电设计，编制的设计方案须经施工单位技术负责人审批后方可实施。安装完毕后，应由工程施工和动力设备部门验收签字，并送安全部门备案，方可投入使用。

③临时用电工程中，线路与设备的安装、维修必须由持证电工完成。

④对于施工现场的电气设施必须达到以下要求：

a. 凡是能触及或接近带电体的地方，均应采取可靠绝缘与屏护等措施或保证安全距离。

b. 各类导线的选型，应严格保证规定的安全载流量，安装、敷设应保证安全。

c. 所有的电气设备都应有过载和短路保护。

d. 现场重要(或危险)部位应有醒目标志。

(5)施工现场必须建立健全以下电气安全制度：

①各类电气设备、设施安全操作规程。

②电气安全值班制，交接班制。

③电气设备、线路的检查、维修和保养记录制度。

④各类电气事故的预防及处理方法。

⑤考核及奖惩规定。

(6)施工现场不得带电作业。发生电气事故，必须按“三不放过”(是指在调查、处理事故时，必须坚持事故原因分析不清不放过，事故责任者和群众没有受到教育不放过，没有采取切实可行的防范措施不放过)的原则认真查处，并立即采取有效的防范措施，及时按事故报告程序上报。

任务七　园林建筑小品工程项目施工方法和技术解析

一、园林建筑小品施工方案

(一)地基基础

(1)基坑开挖后，施工单位通知勘察和设计人员验槽。

(2)基坑开挖应考虑边坡的稳定和对周围建筑物的影响，必要时施工人员应采取可靠的基坑支护。

(3)施工人员应采取有效措施，防止水渗入建筑物地基。

(二)施工准备工作

(1)定点放线：施工单位按设计图纸的要求，用测量仪器在现场进行定点放线，以确定施工范围及挖土或填土的标高。

(2)做好施工用具、施工材料、机械设备的准备工作。

(3)材料准备齐全。

①水泥：水泥的品种、强度等级应根据设计要求确定，进场时必须有质量合格证明书及复验报告。

②砂石：混凝土的砂石含泥量应不大于1.5%，进场时必须有复验报告。

③外加剂：外加剂掺量应符合有关标准的规定，其掺量经试验符合要求后方可使用。

④其他材料：应通过试验确定，并应符合有关标准。

(三)施工方案

(1)挖填方工程基本完成后，施工人员要对挖填出的新地面进行整理。施工人员要铲平地面，使地面平整度变化限制在0.05 m内。要保证场地内各处地面都达到设计的要求。

(2)进行基础的挖方工作，计算好应挖高度，注意压实后的净高度。

(3)电夯机进行基础的素土夯实。

(4)200 mm厚配砂石铺设，应边夯实边铺设，以保证垫层的稳定性。

(5)100 mm厚素混凝土垫层铺设，现场要用搅拌机和达到设计要求标号的水泥。边铺设边进行夯实，以保证垫层的稳定性。

(四)架子支搭

根据图纸设计，混凝土柱、板、梁、屋面瓦等施工需采取脚手架支搭方法及围护。

二、架子搭设

(一)脚手架搭设的基本要求

1. 材料质量及规格要求

(1)钢管。钢管采用直径48 mm,壁厚3.5 mm的3号钢焊接钢管。其化学成分及机械性能应符合国家标准。钢管应涂防锈漆。钢管上严禁打孔。

(2)扣件。扣件不能有裂纹、气孔、疏松、砂眼等铸造缺陷。扣件与钢管的贴合面要接触良好,扣件夹紧钢管时,开口处的最小间距要小于5 mm。扣件共有三种:直角扣件、旋转扣件、对接扣件。

(3)脚手板。应采用木脚手板,由50 mm厚的杉木或松木制成,板长为3～6 m,宽不小于150 mm,两端应各设直径为4 mm的镀锌钢丝箍两道。

2. 构造及搭设要求

(1)纵向水平杆。纵向水平杆宜设置在立杆内侧,纵向水平杆接长应采用对接扣件连接。纵向水平杆的对接扣件应交错布置:两根相邻纵向水平杆的接头不应设置在同步或同跨内;相邻两根纵向水平杆的接头应错开不小于500 mm;各接头中心至最近主节点的距离不宜大于纵距的1/3,即330 mm。

(2)横向水平杆。主节点处必须设置一根横向水平杆,用直角扣件扣接且严禁拆除。主节点处两个直角扣件的中心距不应大于150 mm。同时,为了满足小横杆的承载力要求,操作层小横杆间距为600 mm。

3. 脚手板

操作层脚手板的铺设应铺满、铺稳。脚手板对接铺设时,接头处设两根横向水平杆;搭接铺设的脚手板,接头处必须在横向水平杆上,搭接长度不小于200 mm。不允许有探头板,脚手板总挑长度不宜超过150 mm。

4. 立杆

立杆是工程施工—脚手架工程的组成部分,如同字面意思的解读,是立起来的杆。立杆在间距、连接等方面有很多的要求。例如:立杆必须采用对接扣件对接,不准搭接。还有,立杆的交错排布等。使杆间受力平均分布,增强整体稳定性。

(二)立杆施工方法

1. 地基要求

搭设脚手架的场地必须坚实,地基标高应略高于周围地面,以免存水,每根立杆底部应装钢底座,并垫上厚度大于50 mm的木板,木板面积不小于0.15 m^2,也可垫通长脚手板。为了避免或减少架子出现不均匀沉降的现象,可以在立杆底部加扫地杆(离地面很近的纵水平杆)。

2. 施工顺序

按脚手架的柱距、纵距放线、定位→铺设垫板、安放底座→放置纵向扫地杆 立杆→设置立柱临时支撑→横向扫地杆→第一步纵向水平杆→第一步横向水平杆→第二步纵向水平杆→第二步横向水平杆→剪刀撑随立柱、纵(横)向水平杆等同步搭设→随架子搭设按构造要求与墙刚性拉接。

3. 注意事项

脚手架必须配合施工进度搭设,一次搭设高度不应超过施工工作面两步架高。底座安放应符合下列规定:底座、垫板均匀准确地放在定位线上;垫板宜采用长度不少于2跨、厚度不小于 50 mm 的木垫板。

(三)立杆搭设

搭设立杆时,施工人员应每隔 6 跨设置一根抛撑,直至连墙件安装稳定后,方可根据情况拆除。当搭至有连墙件的构造点时,施工人员在搭设完纵向水平杆、横向水平杆后,应立即设置连墙件。纵向水平杆的搭设应符合下列规定:在封闭型脚手架的同一步中纵向水平杆应四周交圈,用直角扣件与内外角部立杆固定。横向水平杆的搭设应符合下列规定:双排脚手架横向水平杆的靠墙一端至墙面的距离不宜大于 100 mm。

(四)扣件安装

扣件的规格必须与钢管外径相同;螺栓拧紧扭力矩不应小于 40 N·m,且不应大于 65 N·m 固定横向水平杆、纵向水平杆、剪力撑、横向斜撑等用的直角扣件、旋转扣件的中心点的相互距离不应大于 150 mm;对接扣件应朝上或朝内;各杆件端头伸出扣件盖板边缘的长度不应小于 100 mm。

作业层栏杆和挡脚板的搭设应符合下列规定:栏杆和挡脚板均应搭设在外立杆的内侧;上栏杆上皮高度应为 1.2 m;挡脚板高度不应小于 180 mm;中栏杆应居中设置。

脚手板的铺设应符合下列规定:脚手板应铺满、铺稳,离开墙面 120～150 mm;脚手板探头应用直径为 3.2 mm 的镀锌钢丝固定在支撑杆件上;自顶层作业层的脚手板往下计,宜每隔 12 m 满铺一层脚手板。架子支搭完毕,立杆要垂直,顺水杆要水平,卡扣要紧固可靠,不准出现钢管出头过长和探头板,不准支搭在柱、梁等构件上,不准损坏建筑及瓦兽件。搭设满堂脚手架要离开各种大木构件。立杆间距从档中向外 1 m。确定立杆位置后每隔 1.5 m 放置一根立杆,每根柱子要留出 2 m×2 m 见方的空间。然后施工人员再根据实际情况设置戗杆,戗杆的角度均为 60°。8 m 以下的柱子绑扎两道夹杆,最上面夹杆的位置以不影响安装大额枋和垫板为宜。架子支搭完毕后,表面应方正规整,封护应整齐美观。安装的承重架子要经施工单位安全科和施工队的有关人员共同检查验收,合格后方可使用。

(五)架子拆除

1.脚手架拆除的措施

(1)全面检查脚手架的扣件连接、连墙件、支撑体系等是否符合构造要求。

(2)根据检查结果确定拆除顺序和拆除措施后方可实施。

(3)由单位工程负责人进行拆除安全技术交底。

(4)清除脚手架上的杂物及地面障碍物。

2.脚手架拆除

(1)拆除作业必须由上而下逐层进行,严禁上下同时作业。

(2)连墙件必须随脚手架逐层拆除,严禁先将连墙件整层或数层拆除后再拆脚手架。

(3)当脚手架拆至下部最后一根长立杆的高度(约 6.5 m)时,施工人员应先在适当位置搭设临时抛撑加固后再拆除连墙件。

(4)当脚手架采取分段、分立面拆除时,施工人员对不拆除的脚手架两端必须设置连墙件和横向斜撑加固。

(5)各构配件严禁抛掷地面。

(六)脚手架安全措施

(1)架子工应持证上岗,在操作时必须佩戴安全帽、系安全带、穿软底鞋,禁止穿塑料底鞋或皮鞋。工具及小零件要放在工具袋内。衣服袖口及裤子裤口要扎紧,以防衣裤被挂住。

(2)架子要配合工程进度搭设,不宜一次搭得过高。在搭设过程中架子工要思想集中,听从统一指挥,互相协作,上下呼应,禁止在架子上打闹。架子工对材料工具不得乱抛、乱扔,在吊运物件的下方不得站人。

(3)遇有 6 级以上大风和下雨时,架子工应暂时停止工作。雨后施工要注意防滑。

(4)脚手架搭设高度高于邻近建筑物时,架子工应装置防雷接地设施。照明电线不要缠绕在钢架子上。电动机具不许与钢架子接触,要有良好的绝缘,以防架子传电。

(5)脚手架搭设后,架子工应会同技术负责人和安全员进行全面检查,合格后才能交付使用。在使用过程中架子工要经常检查,特别是在大风雨后必须进行全面检查,发现问题要及时处理。

(6)拆除架子时,作业区周围及进出口处必须派有专人看守,严禁非作业人员进入危险区域。拆除大片架子应加临时围栏。作业区内的电线及其他设备有妨碍时,架子工应先与有关单位联系拆除、转移或加防护。

(7)在拆除的全部过程中,施工单位应指定一个责任心强、技术水平较高的工人担任指挥,并负责拆除、撤料和看护全部操作人员的安全作业。拆除过程中架子工应注意架子缺扣、崩扣的地方,避免踩在活动的部件上发生事故。

(七)施工应注意的问题

模板支设要求有足够的强度和稳定性,构造简单,便于拆装,接缝严密,不得漏浆。钢筋绑扎劳固,符合设计要求的型号及密度,绑扎与安装符合技术规范,砼包裹厚度不低于最低要求。砼浇筑,自由倾落大于 2m 时须用串桶或溜槽,浇筑应分层连续进行,每层最大厚度不超过 50 cm;用平板或插入式振捣器振捣密实,间隔时间大于 2 h 时,做结合缝处理。浇筑完成后,应在 12 h 内加以覆盖和浇水,养护期不少于 7 d。

任务八　课程思政:培养学生精益求精的工匠精神

课程思政:

由于园林建筑小品工程项目涉及大量的工程砌筑的施工环节,需要创业的学生掌握砌筑施工的繁杂性和重复性,力求园林建筑小品的完美具备精益求精的精神,去满足人们对园林建筑小品的审美和评价。

素质目标:

(1)培养正确的世界观、人生观、价值观,增强“四个自信”。

(2)遵纪守法,培养规范意识、质量意识和“三农”意识。

(3)培养吃苦耐劳、诚信友善、爱岗敬业的精神。

(4)树立安全意识和生态环保意识。

(5)具有良好的沟通能力和团队协作精神。

(6)培养学生观察问题、思考问题、分析问题和解决问题的综合能力。

(7)培养学生的团队协作精神和创新精神。

(8)培养学生学习的主动性和创造性。

任务九　园林建筑小品工程项目承包手续的办理和要求

园林建筑小品工程施工合同(范本)

发包方(以下简称甲方)________________________________

承包方(以下简称乙方)________________________________

根据《民法典》《建设工程勘察设计管理条例》及有关规定,结合本工程的实际情况,签订本合同,以供双方共同遵守。

第一条　工程概况

1.工程名称:________________________________别墅园林景观工程

2.工程地点:________________________________

(一)如遇下列原因工期顺延

1.未及时签审施工图纸和施工组织计划;

2.设计变更;

3.甲方未能按期提交施工场地;

4.连续 4 h 遇雨和停水、停电;

5.未按合同规定的时间拨付工程款项;

6.遇不可抗力因素。

(二)竣工验收

1.甲方在收到乙方竣工报告的 5 日内组织验收,否则视为默认工程合格并进行竣工结算。

2. 若未能通过竣工验收,双方应确定整改方式及时间,再次验收程序同上。

第二条　工程合同价款及支付方式

1.经双方商定本项目免收设计费,本工程暂定造价________元(预算详见"合同附件一")。

2.本工程按甲方审定预算中各项目的综合单价办理结算。

3.结算工程量以现场实际收方量为准。

4.合同签订后 5 日内,甲方支付乙方工程预付款________________元整。

5.工程竣工并验收合格后 15 日内,双方按合同第三条第 2 款、第 3 款办理结算,结算后一个月内甲方向乙方付至结算总额的 95%,其余结算总额的 5%作为保修金,保修期满后甲方付清余款。

第三条　关于设计调整(更改)

本工程涉及设计调整(更改)工程项目,待调整资料完善并经甲方签审后,工程量及造价按本合同第三条进行增减。

第四条　保修期

1. 保修期:从乙方递交竣工报告后的第七日起算,保修责任按国家有关规定执行。其中,植物保活期为一年,工程部分保修期为一年。

2.成活率:植物管护移交时按行规达到 95%的成活率。

第五条　双方的责任

(一)甲方的责任

1.保证施工场地具备开工条件,保证施工所需的用水、用电。

2. 合同签订后3日内审定乙方的施工组织计划及施工图,并以书面的形式通知乙方。

3.负责协助办理施工的各项进场手续。

4.负责协调现场各施工单位之间的关系。

5.若施工变更应以书面的形式通知乙方。

6.按合同规定的时间按时付款。

(二)乙方的责任

1.按甲方签审的施工图和确定的变更通知内容,结合有关规范组织施工。

2.接受甲方指派的监理公司的监理及甲方现场代表的管理。

3.文明施工,安全生产,确保工程质量,按期完工。

4.负责施工中的成品保护。

第六条　甲、乙双方现场代表及责任

1.甲方现场代表:甲方代表作为现场签证代表。

2.乙方现场代表:乙方代表作为接受甲方书面通知的代表。

第七条　材料的认定及采购

1. 乙方应按设计要求对材料自行采购,涉及装饰及灯具材料的需经甲方的认定后方可采购。

2 .设计材料变更须经甲方的认定并以书面形式通知乙方后,乙方方可购买。

第八条　违约责任

(一)甲方的违约责任

1.甲方未履行合同规定的义务,除顺延竣工期外,还应赔偿乙方因此发生的实际损失。

2.甲方对工程中途停建、缓建或由于设计变更造成的停工,应采取措施补救或减少损失,同时赔偿乙方因此而造成的停工、窝工、返工的机械设备调运等实际损失。

3.甲方超过合同规定期限验收或未按合同规定付款,每超一日,按合同总额的5‰向乙方支付逾期违约金。

(二)乙方的违约责任

乙方未按合同规定完成工程,且无故拖延时间影响工程进度,每延一日,按合同总额的5‰向甲方支付违约金。

第九条　争议解决方式

在合同履行中,双方因履行合同发生争议,应协商解决。协商无果,双方约定向施工所在地人民法院起诉。

第十条　本合同经双方签字盖章后生效。

第十一条　未尽事宜,双方协商解决。

第十二条　本合同一式肆份,双方各执贰份,均具同等法律效力。

甲方(盖章):	乙方(盖章):
代表人:	代表人:
______年____月____日	______年____月____日

项目五

园林水景工程项目

【学习目标】

教学目的：了解园林水景工程的一般施工条件和技术分析，园林水景工程项目施工风险分析。

教学重点：园林水景工程的施工条件，园林水景工程项目施工主要技术措施，机电安装工程。

教学难点：园林水景工程项目施工技术分析，园林水池、花架及小品工程计算规则。

任务一　园林水景工程项目的现状分析

中国园林素有“有山皆是园，无水不成景”之说，由此可见水对于景观的重要性。图 5-1 为园林水景一角。可是，现在的水景现状却令人堪忧。城市中随处可见的大喷泉却不喷水，到处是被污染的河流、小溪，还有蓄洪大坝，更不用说那些早已干涸的水池了……这是一种很普遍的水景现象，这是一种很可悲的水景现象！人固然有着亲水的本性，而设计师们也在努力满足人们的这种需求，这本身是件好事，而如今水资源日益贫乏，如何去营造一个既能满足人们观赏的视觉效果又能达到高度的景观工程水景，这成了当前园林工程师们面临的重要问题。

任务二　园林水景工程项目的前景分析

水景观在园林水景设计和施工中已成为一个不可或缺的环节。她具有灵活、巧于因借等特点，能起到组织空间、协调水景变化的作用，更能明确游览路线、给人明确的方向感。古今中外的园林对于水体的运用非常重视。在各种风格的园林中，水体均有不可替代的作用。水是

图 5-1　园林水景一角

园林艺术中不可缺少的、最富有魅力的一种园林要素。有许多设计师把园林水景设计比作是一棵树：她的根是中国传统文化和古代园林里水艺术特色；她的源泉是多姿多彩的大自然水态；她的干就是表现各异、姿态万千的水景，如喷涌、垂落、流变和静态的水景；她的叶就是以水为中心元素的其他园林景观，如亭榭、船桥、动植物、驳岸和其他共同构筑园林形象的景观。一般来说水域景观概括来说可以分为两大类：一是利用地势或土建结构，仿照天然水景观而成。如溪流、瀑布、人工湖、养鱼池、泉涌、跌水等，这些在我国传统园林中有较多的应用。图 5-2 为仿照水景。二是完全依靠喷泉设备造景。各种各样的喷泉如音乐喷泉、旱地喷泉、雾化喷泉等。这类水景是近年来才在建筑领域广泛应用的。近年来，水景的应用技术发展很快，许多技术已大量应用于实践中，水艺景观已逐渐形成相对独立的工程分支，但在工程设计实践中系统的指导理论尚不完善。城市建设飞速发展，大量建筑物和道路等的建设使城市不透水地面面积快速增加。

图 5-2　仿照水景

任务三 园林水景工程项目施工条件分析

一、技术准备

1.现场踏勘、收集有关资料

(1)施工单位调查现场的交通情况,确定材料、机械、土方运输路线。

(2)施工单位调查水源、电源情况:调查施工水源、电源的供应能力及接驳地点、线路距离。工程由甲方提供水、电接驳点,现场施工前安装水表及电表进行计费。

(3)施工单位收集气象资料,以便更好地组织施工,制定雨季施工措施及防洪措施。

(4)了解工程周围的物资供应情况:调查工程所需的各种物资来源单位的供应能力、价格、品种、质量、信誉等情况。

2.图纸会审、设计交底

(1)项目经理部组织有关人员认真学习图纸,对工程的有关图纸进行审查,掌握和了解图纸中的有关细节。

(2)组织图纸会审,由设计人员进行交底,理解设计意图、质量标准及施工注意事项,准确掌握设计图纸中的细节。

3.编制施工组织设计

(1)编制工程的总体施工组织设计及关键工序的作业指导书。

(2)对重点项目编制施工方案及技术措施。

4.项目经理部组织各专业施工队伍进行技术交底

项目经理部组织各专业施工队伍学习图纸以及施工组织设计、质量计划等文件,了解图纸细节、施工要求达到的目标及工程的管理制度,商定施工配合事项。

5.编制预算文件

由预算部门根据设计图纸、预算定额、施工组织设计编制预算成本节约计划。

二、施工队伍准备

(1)根据工程的具体情况建立本项目的项目经理部管理机构,选择高素质的管理人员和专业技术人员及富有园林项目施工经验的施工队伍进行该工程的施工。

(2)对进场的各级干部、工人进行必要的技术、安全施工管理的岗前培训和法制教育,教育各级干部树立明确的质量、安全和文明的施工意识,遵守施工和安全文明施工的有关制度和法规,遵守地方治安法规。

三、物资准备(材料、机械)

1.材料准备

(1)材料部门根据施工组织中的材料需用量计划编制材料采购计划或材料生产计划,提交工程所需材料的资料及样板予业主,确定样板并落实供货单位。

(2)材料部门将预制构件需用量计划提交预构件供应部门,做好预制构件的订货工作。

2.机械准备

(1)根据施工组织设计中确定的施工方法、施工机具、设备要求和数量以及施工机械的进场计划组织落实机械设备。

(2)施工前,项目机材组对工程即将用到的机械进行全面的检修,对所有的仪器进行调校或送检,以确保它们在项目的施工中正常运转。

任务四　园林水景工程项目经济效益分析

一、园林水池、花架及小品工程计算规则

(1)水池池底、池壁、花架梁、檩、柱,花池、花盆、花坛、门窗框以及其他小品制作或砌筑,均按设计尺寸,按立方米计算。

(2)预制混凝土小品的安装,按其体积,按立方米计算。

(3)砌体加固钢筋,按设计图示用量,按吨计算。

(4)模板刨光,按模板接触面,按平方米计算。

二、假山工程

(1)叠山、人造独立峰、护角、零星点布、驳岸、山石踏步等假山工程量,一律按设计图示尺寸以吨计算;石笋安装以支计算。

假山工程量计算公式:$W=A\times H\times R\times K$

式中:W——石料重量(t);

A——假山平面轮廓的水平投影面积(m^2);

H——假山着地点至最高顶点的垂直距离(m);

R——石料比重:黄(杂)石 2.6 t/m^3、湖石 2.2 t/m^3;

K——折算系数:高度在 2 m 以内 $K=0.65$,高度在 4 m 以内 $K=0.56$。

峰石、景石、散点、踏步等工程量的计算公式:$W_{单}=L_{均}\times B_{均}\times H_{均}\times R$

式中:$W_{单}$——山石单体重量(t);

$L_{均}$——长度方向的平均值(m);

$B_{均}$——宽度方向的平均值(m);

$H_{均}$——高度方向的平均值(m);

R——石料比重(同前式)。

(2)峰石、石笋的高度,均按石料实际高度计算。

(3)超运距人工运石料,按相应假山工程项目的预算材料量计算。

(4)塑假山的工程量计算,均按外形表面的展开面积,按平方米计算。

三、步桥工程

(1)桥基础按设计图示尺寸,按立方米计算。

(2)现浇混凝土柱(桥墩)、梁、门式梁架、拱碹等,均按设计尺寸,按立方米计算。

(3)现浇桥洞底板,按设计图示厚度,按平方米计算。

(4)预制混凝土拱碹、望柱、平桥板的制作和安装,均按设计图示尺寸,按立方米计算。

(5)砖石拱碹砌筑和内碹石安装,均按设计图示尺寸,按立方米计算。

(6)金刚墙方整石、碹脸石和水兽(螭首)石安装,均按设计图示尺寸,按立方米计算。

(7)挂檐贴面石,按设计图示尺寸,按平方米计算。

(8)型钢锔子、铸铁银锭安装,按个计算。

(9)仰天石、地伏石、踏步石、牙子石安装,均按设计图示尺寸,按延长米计算。

(10)河底海墁、桥面石安装,按设计图示面积、不同厚度,按平方米计算。

(11)石栏板(含抱鼓)安装,按设计底边(斜栏板按斜长)长度,分别按块计算。

(12)石望柱安装,按设计高度,分别以根计算。

(13)预制构件的接头灌缝,除杯型基础按个计算外,其他均按构件的体积,按立方米计算。

(14)预制桥板支撑,按预制桥板的体积,按立方米计算。

四、装饰及杂项工程

(1)水池、墙面和桥洞的各种抹灰,均按设计结构尺寸,按平方米计算。

(2)各种建筑小品抹灰。

①须弥座按垂直投影面积,按平方米计算。

②花架、花池、花坛、门窗框、灯座、栏杆、望柱、假山座、盘,以及其他小品,均按设计结构及尺寸按平方米计算。

(3)油漆。

①铁栅栏及其他金属部件,均按其安装工程量,按吨计算。

②抹灰面油漆及刷浆,按抹灰工程量,按平方米计算。

(4)圆桌和圆凳安装及其基础,按件计算。

(5)铁栅栏安装,按设计图示用量,按吨计算。

(6)选洗石子,按相应工程项目的定额用量,按吨计算。

(7)找平层,分厚度按设计图示尺寸,按平方米计算。

(8)豆石混凝土灌缝,按设计图示缝隙容积,按立方米计算。

(9)卷材防水层,不分平面、立面,按设计图示面积乘 1.05 的系数,按平方米计算。

(10)油膏灌缝,按设计图示长度,按延长米计算。

(11)混凝土构件综合运距运输,按工厂制品预制构件的体积,按立方米计算。

任务五　园林水景工程项目施工技术分析

一、钢筋工程

(1)使用钢筋施工时要加强检验,钢筋在运输和加工的过程中应防止撞击和刻痕。钢筋工程主要注意在施工期间对成品、半成品的保护。

(2)钢筋加工最好在棚内进行,加工完成的钢筋放置要避雨,下部应用垫块或方木垫块垫起 100 mm 以上,防止受潮或玷污。

(3)钢筋原材加工采用控制冷拉率法,钢筋同时要适当控制伸长率,最大冷拉率控制在 4%以内,以避免因冷拉造成钢筋强度达不到要求。冷拉后的钢筋应逐根进行外观质量检查,其表面不得有裂纹和局部颈缩。

(4)植筋。

①弹位定线:施工人员对照施工图,按设计或构造要求在结构表面植筋,沿平面方向进行弹线,先弹竖线,再弹横线,横竖线相交部位,即为拉结筋的钻孔位置。

②钻孔。施工人员根据弹出的钻孔位置,用冲击钻钻孔,孔深和孔径设计要求确定。按设计要求,孔深按≥15 mm 考虑,采用植筋 12 mm,孔深 18 mm。钻孔时要使用冲击钻垂直于结构表面均匀钻入。

③清孔:钻孔完成一个结构面后,可以进行清孔操作。清孔的目的是要吹清孔内的粉尘,采用专用毛刷和吹风机配合进行。一般来说,孔内潮湿会对结构胶与混凝土的黏结产生不利影响,使其无法达到设计的黏结强度,影响拉结质量,所以在清孔时严禁用水冲刷。

④配胶。如果植筋胶是双组分的液体胶,则施工人员需要进行现场配胶。配胶前要进行植筋准备工作的检查,保证钻孔、清孔工作已完成一个施工段,并已组织验收,做好隐蔽工程验收记录。

⑤注胶。根据产品说明书确定注胶具体方法。一般液体状胶可以用手持式自动压力灌浆器进行注胶操作。

⑥植筋。植筋应在注胶完成后立即进行。为了保证胶体饱满,注胶完成后,将加工好的钢筋植入端蘸少许胶液,缓缓插入植筋孔。钢筋要插入孔道最深处,常温下保证 24 h 不扰动,达到要求后方可进行钢筋绑扎和混凝土浇筑的施工。

⑦检查验收。按植筋胶说明书介绍的产品胶凝时间和固化时间,一般为 15 min 和 1 h,植筋到位后,凝胶前要派专人现场看护施工完成后的钢筋,严防碰撞;胶体完全固化后方可进行拉拔实验。植筋过程完成后,专业实验室要对所有的钢筋进行检查,合格后填写钢筋隐蔽验收记录表和检验批验收记录表,然后请质检员进行验收核定,核定无误后报监理进行验收,并在钢筋隐蔽验收记录表和检验批验收记录本上签署意见,通过验收后方可进行下步工序的施工。

(5)绑扎。

①底板上下筋的摆放位置:底板下筋(三级钢 12 间距 200)横向在下,纵向在上;底板上筋(三级钢 12 间距 200)横向在下,纵向在上。

②底板钢筋的接头应错位搭接(不小于 35 d),钢筋接头率不得大于 25%,且不得在同一截面。

③底板上下层钢筋之间应放置马凳,马凳间距为 1500 mm。

④底板钢筋保护层厚度:底筋为 40 mm,面筋为 25 mm,为了保证底板钢筋的保护层厚度,钢筋下设 40 mm 厚砂浆垫块,间距双向为 1000 mm,呈梅花形布置。所用马凳的下面均设置垫块。图 5-3 为底板钢筋保护。

⑤底板封边构造做法:基础底板钢筋端部下铁向上弯折长度同板厚,下铁向下弯折长度同板厚。

图 5-3 底板钢筋保护

二、模板工程

(1)现浇结构模板安装必须控制在允许误差范围内。

(2)浇筑混凝土时,木工要有专人看模。

(3)模板加工、安装过程中使用电锯、电刨等应注意控制噪声。

(4)加工和拆除木模板产生的锯末、碎末要严格按照固体废弃物处理程序处理,避免造成环境污染,每次下班时保证工完场清。

(5)混凝土强度达到设计强度的 70%应进行申请,经过工程部允许批准后方可进行模板拆除。

三、混凝土工程

1. 泵送工艺流程

(1)泵送砼前,施工员先向料斗内加入与砼配比相同的水泥砂浆,润滑管道后即可开始泵送砼。开始泵送时,泵送速度宜放慢,油压变化应在允许值范围内,待泵送顺利时才用正常速度进行泵送。

(2)泵送期间,料斗内的砼量应保持不低于缸筒上口 100 mm,到料斗口下 150 mm 之间为宜,避免吸入效率低,容易吸入空气而造成塞管,太多则反抽时会溢出并加大搅拌轴负荷。砼泵送宜连续作业,当砼供应不及时需降低泵送速度。当叶片被卡死时,需反转排除,再正转、反转一定时间,待正转顺利后可以继续泵送。

泵送中途若停歇时间超过 20 min,管道又较长时,应每隔 5 min 可以泵一次,泵送少量砼,管道较短时可以采用每隔 5 min 正反转 2～3 个行程,使管内砼蠕动,防止泌水离析;长时间停泵(超过 45 min)气温高、砼坍落度小时可能造成塞管,宜将砼从泵和臂架输送管中清除。

(3)泵送应先远后近,在浇筑中臂架逐渐移动或缩短。

(4)泵送完毕应立即清洗砼泵、布料器和臂架管道。

2.砼的浇筑与振捣

(1)砼浇筑前施工人员应认真复核相关预留预埋件是否符合设计要求，校核轴线标高、钢筋绑扎是否符合设计及规范要求，并按照垂直于坡度方向(即纵向)用钢丝网进行屋面板的分仓，钢丝网在板上下层钢筋之间设置，且要绑扎牢靠。办理完钢筋砼隐蔽工程验收的有关资料后，技术负责人签发砼浇筑申请单。

(2)严格控制砼的坍落度，坍落度选择宜在(140±20)mm。

(3)梁板砼的浇筑顺序由低到高，以S形路线行走。砼浇筑间歇时间不得超过砼的初凝时间，应控制在小于砼的初凝时间2 h才不会产生冷接头。

(4)现场施工管理人员应紧凑、合理地组织砼的供应、劳动力及机械设备，加快浇筑速度，防止因施工不当产生冷缝。

(5)砼板面水平控制，在浇筑层面上架设水平仪，对正在浇筑的板面进行监控抄平。

(6)砼浇筑后振捣是用各种振动器使砼受振，把砼内部的空气排挤出去让砂子充满石子间的空隙，水泥浆充满砂子之间的空隙，以达到砼的密实。

(7)砼浇筑时，要施工方派专人观察模板、钢筋、平面孔洞、预埋件和插筋等有无移动、变形或堵塞情况，以便发现问题及时处理。

3.砼养护

(1)砼振捣完毕并找平后应随即覆盖，若天气炎热，施工人员应采用塑料布或塑料薄膜进行密封并洒水进行养护，防止砼脱水龟裂。

(2)养护由砼养护工专门负责，养护时间不少于14 d。砼养护工应经常巡查砼表面，发现干燥缺水必须及时适量补水，加强养护。现阶段会出现夏季高温时段，在养护期间，1 d的巡查次数不应少于4次。

(3)在浇筑的混凝土强度未达到1.2 N/mm^2 以前，不得在其上踩踏。

4.机电安装工程

(1)设备预留空洞要做好防雨措施。如施工现场地下部分设备已安装完毕，施工人员要采取措施防止设备受潮、被水浸泡。图5-4为敷设电线管路。

(2)现场中外露的管道或设备应用塑料布或其他的防雨材料盖好。

(3)直埋电缆敷设完后，应立即铺沙、盖砖、防止雨水进入沟槽内。

(4)室外电缆中间头、终端头制作应选择在晴朗无风的天气进行，油浸纸绝缘电缆制作前需遥测电缆绝缘及校验潮气，如发现电缆有潮气侵入时应逐段切除，直至没有潮气为止。

(5)敷设于潮湿场所的电线管路、管口、管子连接处应作密封处理。

5.临电

(1)供电线路，不能埋的一定要架空，室外的配电箱、电焊机和机械设备要搭设防护雨棚。值班电工要经常检查现场电气设备的接地、接零保护装置是否灵敏有效。电气设备应采用双重保护措施—漏电保护和绝缘保护，及时检查电线绝缘是否良好，接头是否包好，禁止电线浸泡在水中。

(2)在潮湿和易触及带电体场所的照明电源不得大于24 V；在特别潮湿的场所或金属容器内工作照明电源电压不得大于12 V；手持灯的电源线不得使用塑料线。

(3)遇大暴雨或五级以上强风等恶劣天气应停止施工。

图 5-4　敷设电线管路

任务六　园林水景工程项目施工风险分析

1. 园林水景工程项目安全文明施工管理及技术措施

(1)加强施工安全管理,彻底落实安全责任制。

(2)在钢筋焊接或搭接施工操作过程中严格执行安全技术措施,加强焊工的安全教育,防止发生烧伤、触电及火灾事故的发生。

(3)及时清理模板及外挂架上的物品,防止风大吹落伤人。

(4)做好防滑措施。

(5)施工用火要开动火证明,用火点要有专人看火,并备有灭火器材,还要配备连接消防水管的胶皮管,以备万一。

(6)加强用电管理,现场禁止使用裸线,不得私架电线;加强线路检查,防止漏电及电路失火,尤其是要在大风后对供电线路进行检查,防止断线造成触电事故。

(7)施工中要注意检查边坡的稳定性,当发现裂纹、结构变形等情况要及时要求甲方通知专业施工队采取有效措施。

2. 园林水景工程环保施工及技术措施

(1)施工期间材料多,轻而易碎,施工时做到活完料净场地清。

(2)材料的碎渣要及时清理运出场外。

(3)各种材料要分种类、规格合理码放,并设立标识牌。

(4)运输袋装水泥、白灰和砂、石等其他易飞扬的细颗粒散体材料及建筑渣土均需用彩条布或苫布遮盖严实,以防止扬尘。

(5)施工场地内的施工垃圾不得随意堆放,应及时清运至指定堆放地。

任务七 园林水景工程施工方法和技术解析

一、园林水景饰面工程施工技术

水景能够将园林设计中的不同景物、园林小品、园林空间联系起来，产生统一的艺术效果。水景的贯穿作用分为两种，一种是贯穿线形景观作用，另一种是贯穿面形景观作用。例如，广西南宁南湖的带状水面，贯穿平山堂，有数千米长。而现今许多大型园林景观都是根据地势依水而建的，利用天然水景贯穿整个园林景观，使得园林景观生机盎然。水景饰面工程的欣赏度是人们对水景工程接触的第一感觉，直接决定了水景工程的外观质量。花池有消除空旷，阻隔行人、车辆，保持适当观赏距离，疏导路线、导向等作用，在园林工程中运用广泛。花池主饰面施工质量的好坏直接决定人们对花池施工的认同与否，关系到整体水景的施工效果能否达到预期。而水景墙和花池主饰面因不同的要求有不同规格的留缝施工技术，是饰面工程施工技术的难点。

二、水景墙饰面施工

水景墙饰面工程中，规格板留缝一般在板和板之间直接留缝较为合理，缝宽一般在5～8 mm。对规格板三角缝和规格板密缝，板与板之间的密缝实际施工时一般不超过1.5 mm，且每块板的四边均留5～8 mm的斜边。直边乱形的铺装效果较差，一般较少采用，若必须采用时板单边长要求在100～300 mm，变数宜控制在5～7条，且6条边的比例应达到70%以上，缝隙控制在5～8 mm内。自然边乱形铺装效果较好，对饰面没有特殊要求时可以多采用。直边乱形和自然边乱形的转角应按海棠角处理，对接缝应连续。需要指出的是，水景墙饰面的整体效果还与所选材料的规格、颜色等有关，施工人员需要对施工材料合理选择。

三、花池饰面施工

花池饰面规格板密缝的室内装修铺装缝不宜超过1 mm，园林水景工程中不宜超过1.5 mm。在选择规格板板材时要尽量考虑花池的整体性，在控制板材的质量和价格的条件下尽可能选择合理的长度，特色规格板100 mm×100 mm可以不按此考虑。直边乱形板因铺装效果一般，在花池饰面施工中建议少采用。规格乱形板室内装修铺装缝一般不得超过1 mm，园林水景工程中可略微放宽，但一般也应控制在1.5 mm内，需要留缝时，留缝宽度应控制在5～8 mm范围内。水洗石花池的铺装施工一般需根据设计石米的比例和颜色进行，厚度控制在15～20 mm内，水洗石花池施工时石米要压实、铺匀，为了保证整体效果应将表面洗刷干净，使线条光滑。花池饰面采用规格板三角缝时应将板与板之间密缝，缝宽宜控制在2 mm以内，每块板的四边应留3～5 mm的斜边。

四、特殊水池施工技术

水池在园林工程中应用广泛，在道路尽端、亭、廊及广场的中心均可设置。钢筋混凝土水池也称刚性水池，在池底和池壁均配置了一定数量的钢筋，使用寿命长，防渗性较好，很多的园林水池都采用了刚性水池。预制模水池是属于小型成品水池，整体外观效果良好。目前，刚性水池和预制模水池的施工是园林水景施工技术的难点。

五、刚性水池的施工

刚性水池的施工包括材料准备、开挖、池底施工、浇筑池壁、抹灰及试水等多个步骤。基础和池底的混凝土宜选用 C20，按照水泥、细沙、粒料为 1∶2∶4 的比例配料，池壁选用 C15 混凝土，按照水泥、细沙、粒料为 1∶2∶3 的比例配料。混凝土汇总时可以选择加气剂、氯化钙促凝剂、缓凝剂等添加剂。池底、池壁的粒料直径应小于 40 mm，吸水率小于 1.5%。场地放线时，池外应沿各边加宽 50 cm，每隔 5～10 m 打小木桩。池基开挖采用基底排水，沿池基边挖临时性排水沟，并每隔一定距离设置集水井。下沉式水池一定要做好池壁保护，挖至设计标高后需整平夯实池壁。池壁的沉泥池需结合池底同时开挖施工。形状比较规则的水池池底在 50 m 以内可以不做伸缩缝，形状变化较大时应每隔 20 m 设置伸缩缝，断面狭窄处也应做伸缩缝。池壁为现浇混凝土时，池底底板和池壁的连接处必须设置施工缝，且施工缝可以设在基础上 20 cm 处。池壁较厚时，用以固定的内外模板可以在钢筋绑扎完毕后一次立好。抹灰时施工人员应将池壁内壁凿毛、不平处铲平，铲平后应用水冲刷。规则水池顶上应用石块、石板、水泥预制板、砖等压顶。试水应在水池全部施工完成后进行，先封闭管道孔，控制每次的进水量，从外观整体进行检查，并做好沉降观测。

六、预制模水池施工

预制模水池的制作材料可以选择高密度聚乙烯塑料、玻璃纤维和 ABS 工程塑料等，深度在 40 cm 左右，跨度一般在 0.9～1.8 m。施工人员可以利用混凝土地基和边沿加固等方法增加预制模模沿的强度，以保证水池外观的完整性。预制水池时，为了避免外部水流混入造成池水污浊和外溢，预制模边沿应高出地面 2.5～5 cm。池底和池面需铺设 5 cm 左右厚度的细沙，开挖前施工人员应将铺设细沙的高度计入水池实际高度。挖好整体水池后，施工人员要测量池底和池台的水平高度，在池底和池台铺设 5 cm 左右厚度的细沙并夯实，再次进行测量，反复进行，直到符合预制模所需高度为止。施工人员将预制模平稳地放入清理好的水池，注入 4 cm 左右高度的水，同时慢慢地沿池边填入适量的细沙，然后加固池边，进行水池施工细部处理。

任务八　课程思政：培养学生节约水资源的职业素养

课程思政：

由于园林水景工程项目的施工和后期涉及水源的开发利用，所以要求创业的学生一定要保护好水资源，利用好水资源，节约用水，循环利用，切勿由于工程项目浪费水资源和造成环境污染。

素质目标：

(1)培养正确的世界观、人生观、价值观，增强“四个自信”。

(2)遵纪守法，培养规范意识、质量意识和“三农”意识。

(3)培养吃苦耐劳、诚信友善、爱岗敬业的精神。

(4)树立安全意识和生态环保意识。

(5)具有良好的沟通能力和团队协作精神。

(6)培养学生观察问题、思考问题、分析问题和解决问题的综合能力。

(7)培养学生的团队协作精神和创新精神。

(8)培养学生学习的主动性和创造性。

任务九　园林水景工程项目承包手续的办理和要求

园林水景工程施工合同(范本)

发包人：(以下简称甲方)____

承包人：(以下简称乙方)____

按照《民法典》和《建设工程勘察设计管理条例》的原则，根据国家有关方针、政策，结合本工程的具体情况，经甲、乙双方共同协商达成以下协议，签订本合同。

一、工程概况

1.工程地点：____

2.承接范围：管道制作安装、灯光喷泉安装调试。其中，水喷为程控喷泉，旱喷为音乐喷泉。

3.承接方式：包工包料。

4.工期：本工程在______年____月____日开工，于______年____月____日竣工。其中，水喷工期为________天。

5.工程造价(人民币)金额大写：________万元整。

6.工程质量：××工程质保期为一年，质保期间内各项维修不收任何费用。保修期为一年，保修期间内各项费用只收材料费。

二、双方责任

1.乙方在工程开工前必须向甲方提供整体工程(水景)设计方案效果图、施工图(土建)。

2.乙方进场时须指派××为该工程的施工代表，负责与甲方就工程施工及相关事宜进行协调和监督。

3.乙方在现场工作中必须严格按照甲方的要求及相关施工规范进行施工。若因违章操作造成的工程事故，由乙方承担一切责任及经济损失。

4. 甲方必须在工程进场前提供最近的水，电接口，最基本的满足乙方施工材料的安全存放点及施工人员的简易休息点。

5. 甲方应提供乙方较理想的施工治安环境，若有扰乱施工现场的行为发生时，甲方应与乙方一同协调处理，以保证工程的顺利进行。

三、工程验收及结算

1. 乙方工程质量按合同约定及相关标准验收调试，经双方认可签字为合格。

2. 该工程保修期为一年，在保修期内包修包换，超过保修期只收材料费(灯光不包括在内)。

3. 整体工程竣工后，乙方应通知甲方验收，甲方在接到乙方的通知后一天内组织验收，并办理验收移交及相关手续。

4. 合同生效后，甲方分三次支付工程款，尾款竣工结算时一次付清。(付款分次进行，金额备注)第一次付 20％进场款、第二次付 30％进度款、第三次付 45％验收款。

5. 余款在保修期满一年内付清。

四、其他事项

1. 其他未尽事宜，双方共同协商解决，若有违反以上条款示为合同违约，将按民法典及相关条例处理。

2. 本合同一式肆份，双方各执贰份，自双方签订之日起生效。

甲方(盖章)：	乙方(盖章)：
法人(签字)：	法人(签字)：
日期：	日期：

项目六

园林景石工程项目

【学习目标】

教学目的：了解园林景石工程的一般施工条件和技术分析，园林景石工程项目施工风险分析。

教学重点：园林景石工程项目的施工条件，园林景石工程项目施工条件分析，园林景石工程项目经济效益分析。

教学难点：园林景石工程项目施工技术分析，特置山石施工要点及注意事项，景石吊装安全措施的保障。

任务一　园林景石工程项目的现状分析

社会经济的高速发展使城市规模迅速扩大，大量人工环境的建成以及由此带来的环境污染等负面影响已给人类带来了生存危机，制约着社会经济的发展，也对城市本身的生存与发展提出了严峻的挑战。历史发展到今天，现代园林正大力提倡以生态为主的园林。园林空间造景讲究生态效益，注意结合当地生态条件，提倡以植物造景为主，尽量少用硬质景观。山石是没有生命的建材，在现代园林中并不是必不可少的物质要素，但由于山石组景具有独特的观赏价值，给人以无穷的想象空间和精神享受。因此，它在现代园林中也具有重要的构景作用。所以，山石也应适应现代园林发展的趋势，以创造有生态效益的环境为目的，进行“生态”山石。见图 6-1。

图 6-1 “生态”山石

任务二　园林景石工程项目的前景分析

随着近年来现代园林山石的发展，园林山石越来越适应现代人亲近自然的心理特征，以生态效益为目的，利用新材料、新技术创造富有时代气息的山石作品，与其他物质要素紧密结合，以求共同建造优美的、富于生机的自然景观，创造清新、宁静的生态环境。新材料、新技术正广泛应用于现代园林山石中。利用水泥、灰泥、混凝土、玻璃钢、有机树脂、低碱度玻璃纤维水泥作为材料进行“塑石”正在现代园林中兴起。塑石的优点是造型随意、多变，体量可大可小，色彩可多变，重量轻，节省石材，节省开支。塑石特别适用于施工条件受限制或承重条件受限制的地方，如屋顶花园。它的缺点是寿命短，人工味较浓。为了解决这个缺点，园林设计者可以用少量天然石材与塑石配合进行造型设计，用植物进行修饰，真中含假，假中有真，既节省了石材，又减少了塑石的人工味，不失为一种良策。随着科技日益进步，塑石材料、技术亦会大有改进，塑石会更加贴近天然山石本色，达到“假”石宛如“真”石的境界。图 6-2 为人工塑石。综上所述，在现代园林环境中，山石景观从内容到形式再到环境空间也都能呈现出多样发展和多向渗透，结合现代技术和现代材料，展现在公共绿地、游乐区、风景区、城市广场、居住小区等多种空间，表现出了山石在环境中较强的造型能力，成为创造个性空间的一个重要手段，并以其独特的形态和自然的气息为人们的生活环境增添了无限的情趣和遐想。在今后的园林设计发展中，园林设计师要多对山石景观进行研究探索，这样山石景观艺术必将展示出它更为广阔的远景。

图 6-2　人工塑石

任务三　园林景石工程项目施工条件分析

景石是指不具备山形，但以奇特的怪石形状为审美特征的石质观赏品。景石与假山一样，都是园林中的重要景物形式。图 6-3 为景石。

图 6-3　景石

一、施工设备

景石施工常常需要吊装一些巨石，因此其施工设备必须有汽车起重机、吊称起重架、起重绞磨机、葫芦吊等起重机械。除了大石采用机械进行吊装以外，多数中小山石还是要以人抬肩扛的方式进行安装，因而还需一定数量的手工工具。

二、施工材料

施工材料主要有假山石，填充料如沙石、卵石、毛石、块石、碎砖石，配置各种砂浆、混凝土，用于基础或垫衬。

任务四　园林景石工程项目经济效益分析

叠山、人造独立峰、护角、零星点布、驳岸、山石踏步等假山工程量，一律按设计图纸尺寸以吨计算；石笋安装以支计算。

假山工程量计算公式：

$$W=A\cdot H\cdot R\cdot K$$

式中：W——石料重量(t)；

A——假山平面轮廓的水平投影面积(m^2)

H——假山着地点至最高顶点的垂直距离(m)

R——石料比重：黄(杂)石 2.6 t/m^3、湖石 2.2 t/m^3

K——折算系数：高度在 2 m 以内 $K=0.6$

①峰石、景石、散点、踏步等工程量的计算公式：

$$W_{单}=L_{均}\cdot B_{均}\cdot H_{均}\cdot R$$

式中：$W_{单}$——山石单体重量(t)

$L_{均}$——长度方向的平均值(m)

$B_{均}$——宽度方向的平均值(m)

$H_{均}$——高度方向的平均值(m)

R——石料比重(同前式)。

②峰石、石笋的高度，均按石料实际高度计算。

③超运距人工运石料，按相应假山工程项目的预算材料量计算。

④塑假山的工程量计算，均按外形表面的展开面积，以平方米计算。

任务五　园林景石工程项目施工技术分析

园林景石工程施工过程技术分析就是要定位放线、选石、景石吊运、拼石基座、设置景石吊装、修饰与支撑这几个关键环节。

一、选石

选石是景石施工中一项很重要的工作，其要点为：

(1)选择具有原始意味的石材例如：未经切割过，并且显示出文化痕迹的石头；被河流、海洋强烈冲击或侵蚀的石头；生有锈迹或苔藓的岩石。这样的石头肉眼可以看出平实、沉着的感觉。

(2)最佳的石料颜色是蓝绿色、棕褐色、红色或紫色等柔和的色调。白色缺乏趣味性，金属色彩容易使人分心，应避免使用。

(3)具有动物动态等象形的石头或具有特殊纹理的石头最为珍贵。

(4)石形选择要选自然形态的，纯粹圆形或方形等几何形状的石头或经过机械打磨的石头均不是上品。

(5)造景选石时无论石材的质量高低，石种必须统一，不然会使局部与整体不协调，导致总体效果显得不伦不类，杂乱不堪。图 6-4 为造景选石。

图 6-4　造景选石

(6)选石无贵贱之分，应该“是石堪堆”(“是石堪堆”指的是造景进行就地取材，随类赋型，即最有地方特色的石材最为可取和各尽其才)。

总之，在选石的过程中，设计师应首先熟知石性、石形、石色等石材特性，其次应准确地把握置石的环境，如建筑物的体量、外部装饰、绿化、铺地等诸多因素。

二、景石吊运

选好石品后，施工人员按施工方案准备好吊装和运输设备，选好运输路线，并查看整条运输线路是否有桥梁，桥梁是否能满足运输荷载的需要。在山石起吊点采用汽车起重机吊装时，要注意选择承重点，做到使起重机保持平衡。景石吊到车厢后，要用软质材料，如黄泥、稻草、甘蔗叶等来填充，山石上原有的泥土，杂草不要清理。整个施工现场要注意施工安全。图 6-5 为景石吊运。

图 6-5　景石吊运

三、拼石

当施工单位所选到的山石不够高大或石形的某一局部有重大缺陷时，就需要使用几块同种的山石拼合成一个足够高大的峰石。如果只是高度不够，施工单位可以按高差选到合适的石材，拼合到大石的底部，使大石增高。如果是几块山石拼合成一块大石，则要严格选石，尽量选接口处形状比较吻合的石材，并且在拼合中特别要注意接缝严密和掩饰封口，使拼合体完全成为一个整体。拼合成的山石形体仍要符合瘦、漏、透、皱的要求。图 6-6 为拼石假山。

图 6-6　拼石假山

四、基座设置

基座可以由砖石材料砌筑成规则形状，也可以采用稳实的墩状座石做成，座石半埋或全埋于地表，其顶面凿孔作为榫眼。埋于地下的基座应根据山石预埋方向及深度定好基址开挖面，放线后要求挖方，然后在坑底先铺一层混凝土，厚度不得少于 15 cm，然后才准备吊装山石。

五、景石吊装

景石吊装常用汽车起重机或葫芦吊。在施工时，施工人员要及时分析山石主景面，定好方向，最好标出吊装方向，并预先摆置好起重机，如碰到大树或其他障碍时，应重新摆置，使得起重机的长臂能伸缩自如。吊装时，施工单位要选派一人指挥，统一负责。当景石吊到预装位置后，施工人员要用起重机挂钩定石，不得用人力去定或支撑摆石来定石。此时可填充石块，并浇筑混凝土充满石缝。

置石的放置应力求平衡稳定，给人以宽松自然的感觉。石组中石头的最佳观赏面均应当朝向主要的视线方向。对于特置，其特置石安放在基座上固定即可。对于散置、群置一般应采取浅埋或半埋的方式安置景石。景石布置好后，应当像是地下岩石、岩石的自然露头，而不要像是临时性放在地面上似的。散置石还可以附属于其他的景物而布置，如半埋于树下、草丛中、路边、水边等。图 6-7 为置石的放置。

图 6-7　置石的放置

六、修饰

一组置石布局完成后，施工人员可以利用一些植物和石刻来加以修饰，使之意境深邃，构图完整，充满诗情画意。但必须注意一个原则即尽量减少过多的人工修饰。石刻艺术是我国文化宝库中的重要组成部分，园林人文景观的“意境”多以石刻题咏来表现。石刻应根据置石来决定字体的形式和大小、阴刻阳刻、疏密曲直，做到置石造景与石刻艺术互为补充、浑然一体。植物修饰的主要目的是采用灌木或花草来掩饰山石的缺陷，丰富石头的层次，使置石更能

任务八　课程思政：培养学生安全责任重于泰山的职业素养

课程思政：

由于园林景石工程项目的施工过程比较复杂，还涉及大量大型景石的机械吊装施工环节，所以需要创业的学生在此项目中严格执行施工流程，切勿大意造成安全事故，力求把"安全责任重于泰山"的格言铭记在心，切勿玩忽职守。

素质目标：

(1)培养正确的世界观、人生观、价值观，增强"四个自信"。

(2)遵纪守法，培养规范意识、质量意识和"三农"意识。

(3)培养吃苦耐劳、诚信友善、爱岗敬业的精神。

(4)树立安全意识和生态环保意识。

(5)具有良好的沟通能力和团队协作精神。

(6)培养学生观察问题、思考问题、分析问题和解决问题的综合能力。

(7)培养学生团队的协作精神和创新精神。

(8)培养学生学习的主动性和创造性。

任务九　园林景石工程项目承包手续的办理和要求

园林景石工程项目分包合同

甲方：________________________

乙方：________________________

根据《民法典》《建筑法》及其他相关法律、行政法规，遵循公平、自愿、平等和诚实守信的原则，双方就本工程订立本合同，共同遵照执行。

第一条　工程概况

1.工程名称________________________

2.工程地点________________________

3.施工面积________________________

4.承包方式：________________________

第二条　分包工程施工范围

施工图纸中的跌水假山、驳岸景石及零星景石的堆筑施工。

第三条　材料采购加工供应责任划分

甲方供应：____

乙方供应：____

第四条　工期要求

景观施工范围内所有景石工程于______月____日进场，必须于______月____前全部施工完毕，每延迟一天按照总合同款5%扣除违约金。

第五条　合同价款与结算方式

本工程根据图纸估算总量为：施工图纸中的跌水假山、驳岸景石及零星景石的堆筑施工总量不得超过1200 t（即叠水不得超过500 t、假山不得超过400 t、驳岸不得超过300 t）。

1.结算方式：本工程采用综合单价的形式，即________元/吨。

暂估总价款 大写：________元，小写：________元；竣工时按现场实际过磅的重量和约定单价结算。

2.进度款支付办法：驳岸施工完成并由甲方验收合格后，甲方支付至驳岸完成工程量的________%，工程竣工并甲方全部工程验收合格后，支付至完成总价的________%，剩余________%作为工程质保金，待2年质保期完成后甲方支付乙方全部总额。

第六条　工程质量要求

1.景石品种为房山石，色泽相近、纹理统一，石料坚挺耐压，无裂缝、损伤、剥落现象。

2.跌水假山、驳岸景石及零星景石布置要错落有致、远观效果及意型把握得当等均符合建设方和设计及甲方的各项要求。

第七条　甲方的责任

1.甲方负责积极为乙方提供施工场地。

2.及时审核并批复乙方的施工进度计划。

3.组织召开现场工程管理会议，及时解决交叉施工的施工干扰。

4.按约定条件支付材料款。

第八条　乙方的责任

1.乙方应在签订合同前勘查现场的施工条件，并为施工现场施工做好必要的技术准备及物资准备。

2.必须按照协定时间完成水系驳岸、假山跌水的景石堆筑工作，若由乙方施工原因导致工期延误，造成的所有损失由乙方承担。

3.乙方必须服从质监部门、业主单位、监理和甲方管理人员的管理和指挥，必须遵守当地政府关于文明施工与环境保护的规定。若前述部门及人员认为乙方的质量技术和工期不能保证时，甲方有权单方终止协议。并扣除乙方相应的违约金。

4.乙方必须保证充足的在场的劳务人员、技术人员和必要的机械设备，以保证按时完成现场的工期进度要求，不得延误工期。若甲方提出增加人员，乙方必须无条件在规定日期内增加相应人员。

5.乙方必须无条件配合提供相关公司及人员的资料、证件，以及供应材料生产厂家资质及材料质量检测证明，以便甲方进行工程备案、工程报验等工作。

6.乙方必须指定专人使用和管理现场物资。所有甲、乙双方的入场材料必须在第一时间组织下车并按甲方指定地点堆码整齐，并做好看管工作，保证先入场先使用原则。若有丢失、损坏由乙方自行承担。

7.乙方所供的所有材料必须按照施工设计要求供应，若因材料不合格造成任何损失由乙方承担。

8.乙方不得以任何理由擅自停工，否则乙方承担因此给甲方带来的一切直接和间接损失，且无权要求甲方超约定支付承包费。若情节严重，甲方可以将其直接清理出场。

9.乙方必须严格按照《劳动法》和建设部关于《建设领域农民工工资支付管理暂行办法》等法律、法规的规定和劳动用工合同约定的时间按月支付民工工资，不得拖欠或克扣工资；如有因拖欠民工工资而发生的民工闹事，甲方有权用乙方的承包费代付民工工资，该费用在结算时冲销，乙方不得有任何异议。

第九条 违约责任

1.若因乙方直接质量原因，导致整体工程不能按时完成，由此造成的损失由乙方承担。

2.因乙方拖欠民工工资及其他因素造成民工闹事，一次承担违约罚金贰万元人民币(￥________)。

3.因乙方使甲方或项目部受到监理、建设单位的质量、安全、文明施工(乙方施工区域)处罚的，乙方将承担处罚金额的2倍。

4.若有违约情况发生，在违约方承担违约责任后，合同仍将继续履行。

第十条 合同有效期

合同生效日期：双方签订日期。

第十一条 合同份数

合同份数：本合同正本贰份，双方各执壹份。

第十二条 未尽事宜

若有本合同未尽事宜，双方协商解决。

第十三条 纠纷解决方式

解决纠纷方式：双方在执行合同中如有纠纷，双方协商解决，协商不成可交________仲裁委员会裁决。

甲方：	乙方：
甲方代表：	乙方代表：
联系电话：	联系电话：
______年____月____日	______年____月____日

项目七

园林绿化工程项目

【学习目标】

教学目的：了解园林绿化工程项目的一般施工条件和技术分析，园林绿化工程项目施工风险分析。

教学重点：园林绿化工程项目的施工条件，土壤的处理分析，绿化地的整理分析。

教学难点：园林绿化工程项目施工技术分析，绿化养护承包费用计算方法，园林绿化工程项目经济效益分析。

任务一 园林绿化工程项目的现状分析

城市园林绿化在改善城市生态环境方面具有不可替代的作用，这已是不争的事实。同时园林绿化是城市生态环境质量的重要保障，是城市重要的绿色公共空间。然而，伴随着城市化进程的进一步加快、工业的迅猛发展，城市在社会经济快速发展的同时也面临着一系列生态和环境的新问题。近几十年来，随着城市园林绿化过程的加速，人口密集、交通拥挤、资源缺乏、环境污染、生态流于纸面、功能混淆不清、形象千篇一律、设计粗制滥造等新问题十分严重，通过对当前出现的新问题的思考，园林设计师转变城市园林绿化发展的传统思想、模式，才能创造出真正生态型、特色性、节约型的园林城市。生态已经成为社会的时尚名词，在一些城市园林绿化设计中也提出了打造生态城市的口号。但是，园林设计者当前在生态城市建设中面临的一个新问题就是生态流于纸面，打着生态的旗号却违背基本生态规律的做法屡见不鲜。环境敏感区极易因为人类的不当开发活动而导致环境负效应，许多城市在开发如生态湿地等环境敏感区时，由于不考虑其生态环境容量，对环境敏感区没有足够的重视，使得原有的生态平衡遭到破坏。这样的例子在许多城市都能看到，这种不当开发行为势必会造成生态系统的破坏、资源的耗竭甚至是自然灾害，也阻碍了现代城市园林绿化的可持续发展。当前，在城市园林绿化中，很多城市一味地追求生物多样性，盲目增加植物种类，甚至从国外引进植物的种类以丰富生物多样性。然而,生物多样性并不单单等同于植物种类的增加,物种多样性高也不代表生态系统最稳定,盲目地引进外来物种可能会导致当地生态系统的破坏。当然,园林设计者也要避免一味地种植地方特色乡土树种的现象,这样导致城市园林景观极其单调反而没有了地方特色。因此,园林设计者要全面地理解生物多样性原则,避免片面理解、断章取义的现象发生。在当前大规模的城市园林绿化的建设和改造中,许多建设项目涉及环境敏感区和伐移树木的问题。园林设计者必须最大限度地处理好城市建设、改造与保护绿化的关系,特别要保护好那些环境敏感区和大树、古树。与此同时,改变园林绿化建设中一些片面理解生物多样性的问题,科学配置植物材料,体现以绿为主、植物造景、生态优先。图 7-1 为园林绿化。

图 7-1 园林绿化

因此,针对目前各城市出现的生态新问题,城市绿化已经不单单是简单的种花种草,完整的生态园林应该是乔、灌、藤、花草相结合的复层绿化的有机体。城市绿化应该因地制宜,适地种树,保护环境敏感区,充分理解生物多样性,建立一个真正的生态园林城市,使远离自然的都市人群享受到自然的情趣。

任务二 园林绿化工程项目的前景分析

对于城市园林绿化工程项目建设而言,并非简单地完成绿化建设就结束了,往往后期的维护工程是很费时间的,花费也是巨大的,从目前我国在后期养护方面花费的费用上来看,大约每年在 200 亿元,这对于企业的发展而言是非常可观的,并且这些费用每年都在以 10%的速度增长。尤其是现代园林施工内容的复杂性提高了,在管理技能上也要求的较多,所以无论从哪一个角度来考虑,目前维护成本的提升带给企业的既是机遇也是挑战。园林行业的发展是随着社会、经济和科技发展而发展的,不管其内容与形式,还是服务对象,在不同的社会时期和发展阶段有了很大的变化。展望我国的园林行业的发展,有以下的趋势。与过去十几年相比,风景园林规划设计项目的种类、深度和广度均已大大扩展,正在从传统园林设计转向现代景观规划设计。几十年来,关于"生态城市"的讨论,环保意识的深化,使人们对园林在城市中的地位的认识有了进一步的升华。随着科学的发展、社会的进步和人民生活水平的提高,园林设计者已将城市园林绿化的发展和水平提高到保护生态平衡的高度来认识。园林产业发展的最终目的是为了保护我们赖以生存的自然环境,为了给人类创造一个适宜的居住环境,所以园林绿化施工的最终目的都是为了城市的环境改善。我们在建设一个经济发达的城市的同时,更需要建造一个有着自然气息的自然城市,这是我们的目标,也是可持续发展的一项重要内容。图7-2 为园林生态。

图 7-2 园林生态

城市园林绿化管理是城市园林绿化工作的重要组成部分。把树木花草栽上,并不意味着绿化的结束,相反,它仅仅是绿化的开始。园林绿化管理对于创建生态型、节约型园林绿地都有很重要的意义。节约型园林就是以最少的资源和能源投入获得最大的生态、环境和社会效益的园林类型。简单来说,建设节约型园林绿化就是要节约集约、经济高效,要少花钱、多建绿,以最少的成本获得最大的生态效益、社会效益。这也是解决当前城市园林绿化出现的新问题的一种有效的策略。创新理念,努力营造节约型园林绿化的新模式,优化植物配置,加强乡土树种和野生植被的应用,加强园林科研,为生态型、节约型园林绿地化开展提供技术支持。当前,在中国的城市园林绿化建设中,风情各异、不同特点的园林景观已不复存在,代之以"千城一面"的再造型园林。高大的玻璃幕墙建筑,点缀着假山、假石、喷泉、罗马柱的大广场,有着各式各样的路灯,加上中间绿化隔离带的大马路等,这几乎成了城市园林现代化的标记。在趋同的大潮中,曾经熟悉的城市文化面貌、文化记忆已经被沉没。图 7-3 为创建生态。

我国历史悠久,很多城市都有着丰富的人文资源,而每一个特色型的园林城市都结合了自身奇特的地理环境、山水特点、地质资源、物产资源、气象特点等奇特的地理文化以及当地的风俗、习惯、生活方法、审美情趣、价值寻求等人文资源。在当前的城市园林绿化建设中,园林设

图 7-3 创建生态

计者应当充分挖掘、梳理城市自身的人文资源，防止以偏概全情况的发生。同时，结合我国传统古典园林的一些独特的营造手法和理念，真正创作出具有“意境”“特色”的园林景观。

任务三 园林绿化工程项目施工条件分析

一、土壤的处理分析

土壤质量的好坏是决定植物日后生长状况的重要因素，因此，施工人员在对植物进行种植和栽培时，要对土壤进行全面的分析和了解，只有这样才能保证植物能在一个良好的环境中生长。对土壤进行分析的方法有很多，通常是通过对土壤的酸碱性、透水性、透气性以及孔隙度等来进行化验和分析。相关数据显示，适合植物生长的团粒大小为 1～5 mm，然而团粒在小于 0.01 mm 时，植物的根毛不能被侵入，这对植物的生长显然是不利的。图 7-4 为检测土壤质量。

二、绿化地的整理分析

所谓绿化地的整理，不单单是对场地中的垃圾、杂草的整理，而是要根据植物的特点来对场地进行整理，以保证它们能够在一个良好的环境中生长。因此，施工人员在对场地进行整理时，就要充分考虑到植物的生长需求，从而保证植物能够汲取充分的养料和水分。施工人员对绿化地进行整理，主要包括以下几个步骤：

首先，要保证植物的根系的平衡。根据相关资料的数据显示，草坪、小灌木、大灌木、浅根性乔木和深根性乔木的根域层的最低厚度分别为 15 cm、30 cm、45 cm、60 cm 和 90 cm。

其次，要保证土壤具有合理的硬度。土壤的硬度是决定植物根系是否能够充分伸长，以及是否能够维持良好的透水性和通气性的重要因素。因此，施工人员在对土壤进行处理时要保

图 7-4 检测土壤质量

证土壤具有合理的硬度。

最后，要有良好的通气性和透水性。这就要求在施工人员填方整地时要确保良好的团粒结构。除此之外，还要确保适当的酸碱性，适合植物生长的 pH 通常是在 5.5～7，因此确保土壤的酸碱性也是非常重要的。图 7-5 为检测土壤 pH。

图 7-5 检测土壤 pH

三、植物的种植分析

众所周知，植物种植的最佳时节是在春季，但是在具体的施工过程中往往会由于各种原因和因素使树木的种植往往发生在非种植的季节。所以，为了保证树木的成活率，在具体的种植过程中就要考虑很多因素，主要包括以下几个方面：

第一，在树苗的选择上除了要符合相关的设计要求以外，还要保证筛选的树苗是健壮的，具备良好的树形。除了上述的内容以外，那些根系比较多的，完整性高的树苗通常是易于成活的。所以，小苗和扦插苗是树苗的首选。

第二，为了防止树冠出现蒸腾反应，在输送的时候，施工人员要对其适当地进行修整。一般是将去掉 1/3，在进行修剪的时候，要将那些长势比较好的留下，将那些残次的去除。而且，对于树苗的运输，施工人员应该将其根部使用泥浆裹住，这样能够确保其有效地成活。

第三，在开展种植活动的时候，要确保在运到以前就做好准备活动。比如，将地和树坑等都处理好，确保苗木到了就可以种植。而且还保证树坑要比常规的大，这样才能有更大的空间在坑底添加有机肥，提高树苗的成活率。除此之外，对栽后树苗的管理工作也是非常重要的，除了要保证给树苗充足的水量以外，在夏季还要对树苗进行遮阴，在冬季对树苗设置风障保护等。图 7-6 为植物种植。

图 7-6　植物种植

任务四　园林绿化工程量的计算

1. 对苗木计量的方法

(1)苗木预算价值，应根据设计要求的品种、规格、数量(包括规定的栽植损耗量)分别列项以株、米、平方米计算。

(2)栽植苗木按不同的土壤类别分别计算：

a. 露根乔木，按不同的胸径以株计算。

b.露根灌木,按不同的株高以株计算。

c.土球苗木,按不同的土球规格以株计算。

d.木箱苗木,按不同的箱体规格以株计算。

e.绿篱,按单行或双行,按不同篱高以延长米计算(单行3.5株/m,双行5株/m)。

f.樊缘植物,按不同的生长年限以株计算。

g.草坪,地被和花卉分别以平方米计算(宿根花卉9株/m^2,木本花卉5株/m^2)。

h.色带,按不同的高度以平方米计算(12株/m^2)。

(3)水车浇水,按栽植不同类别的不同品种、规格,以株、米、平方米、株丛计算。

(4)平整场地

a.园路、花架分别按路面、花架柱外皮间的面积乘1.4的系数以平方米计算。

b.水池、假山、步桥,按其底面积乘2以平方米计算。

c.人工挖、填土方按立方米计算,其挖、填土方的起点应以设计地坪的标高为准,如设计地坪与自然地坪的标高高差在±30 cm以上时,则按自然地坪标高计算。

d.人工挖土方、基坑、槽沟按图示垫层外皮的宽、长乘以挖土深度以立方米计算,并乘以放坡系数。

e.路基挖土按垫层外皮尺寸以立方米计算。

f.回填土应扣除设计地坪以下埋入的基础垫层及基础所占体积以立方米计算。

g.余土或亏土是施工现场全部土方平衡后的余土或亏土,以立方米计算。

h.堆筑土山丘,按其图示底面积乘设计造型高度(连座按平均高度)乘以0.7的系数,以立方米计算。

2.绿化养护承包费用计算方法

(1)浇水费用　以每平方米每年用水1 t计,水费(加排污费)2.5元/t,则每平方米浇水费用1×2.5=2.5(元/年)。

(2)清残花落叶及绿化垃圾　以该项工作占基本工作的15%计,以平均每人管理4000 m^2计,一个绿化工人年工资为8400元,则清残花落叶及绿化垃圾费为:

8400/4000×15%=0.315(元/年)

(3)服装费　以平均发放2套工作服,每套70元计,每人管理4000 m^2,则服装费为70×2/4000=0.035[元/m^2(年·m^2)]。

(4)工具费　以平均每年工作区(4000 m^2)配500元工具计,则工具费为:500/4000=0.125(元/年)

(5)意外事件处理费　以每年每个工作区(4000 m^2)有一个台班(350元)计,处理费为:350/4000=0.0875[元/(年·m^2)]。

(6)补植及其他费用　按前五项之和乘以20%计,则补植及其他费用为:[(1)+(2)+(3)+(4)+(5)]×20%=0.6125[元/(年·m^2)]。

3.修剪费用

每次每平方米修剪费用=基本费×5%=3.6749×5%=0.1837[元/(次·m^2)]。每年修剪6次,则每年的修剪费用为0.1837×6=1.1022(元)。

4.施肥费用

一般以每平方米每次施复合肥30 g算,按5.5元/kg计,则每次施复合肥30 g,按5.5元/

kg,则费用为 5.5×0.03=0.165[元/(m^2·次)],一年施肥 3 次,则费用为 0.165×3=0.495[元/(m^2·次)]。

5.松土除草费

按基本费用的 10%计,则每年的费用为 3.6749×10%=0.36749[元/(m^2·年)]。

6.病虫害防治费

平均每次按基本费用的 5%计,每次的费用为 0.1837 元/(m^2·年),每年喷药 6 次,则费用为 0.1837×6=1.1022[元/(m^2·年)]。

任务五　园林绿化工程项目施工技术分析

一、适宜的土壤条件

表土应为松散的、具有透水作用并含有有机质的土壤,能利于植物生长,不应含有盐、碱土,且无有害物质以及大于 25 mm 的石块、棍棒、垃圾等。由此可见,绿化用地的整理不只是简单地清掉垃圾、拔掉杂草,该作业的重要性在于为植物提供良好的生长条件,保证根部能够充分伸长,维持活力,吸收养料和水分。因此,对不宜树木生长的建筑弃土或含有害成分的土壤,施工人员必须进行松土改良,换上适宜树木生长的种植土。

二、选苗

(1)乔木的质量标准:树干挺直,不应有明显弯曲,无蛀干害虫和未愈合的机械损伤;分枝点高度符合实际要求;树冠丰满,枝条分布均匀,无病虫危害。

(2)花灌木的质量标准:根系发达,生长茁壮,无严重病虫危害;灌丛匀称,枝条分布合理,有主干的灌木主干应明显。

(3)草坪的质量标准:生长良好,色泽光亮,土层厚度 3~5 cm,无病虫害。

三、起苗

(1)带土球移植,施工人员应保证土球完好。土球的规格严格按照设计要求。乔木的土球大小应为苗木胸径的 8~10 倍。挖掘高大乔木或冠幅较大的树木前应立好支柱,支稳树木。

(2)将包装材料(如蒲包、蒲包片、草绳等)准备好待用。

(3)挖掘前,以树干为中心,按规定尺寸画出圆圈,在圈外挖 60~80 cm 的操作沟至规定深度。挖时先去表土,见表根为准,再行下挖,挖时遇粗根必须用锯锯断再削平,不得硬铲,以免造成散坨。

(4)围内腰绳,用草绳将土球的腰部缠绕紧,腰绳的宽度视土球的土质而定。草绳要绕满绕紧,视土质的情况可绕单层,土质不好要加密。

(5)开底沟,围好腰绳后,在土球的底部向内挖一圈 5~6 cm 宽的底沟,以利打包时兜绕底沿,草绳不易松脱。

(6)用包装物,(如蒲包、蒲包片、麻袋片等)将土球包严,用草绳围接固定。

(7)打包时绳要收紧,用双股草绳以树干为起点,稍倾斜,从上往下绕到土球底沿沟内再由另一面返到土球的上面,再绕树干沿顺时针方向缠绕。

四、运苗

在运输过程中所有的植物都要妥善包装,防止太阳、风和气候或季节性损害,以保证根系含有充足的水分。如用草帘或布帘遮好,并适时浇些水。

(1)装车时根系、土球向前,树冠朝后。

(2)装卸裸根树木,应特别注意保护好根部,减少根部的劈裂、折断,装车后支稳、挤严,并盖上湿草袋或苫布遮盖加以保护。卸车时应顺序吊下。

(3)装卸土球树木应保护好土球使其完整,不散坨。为此装卸时施工人员应用粗麻绳捆绑,同时在绳与土球间垫上木板,装车后将土球放稳,用木板等物卡紧,使之不发生滚动。

(4)运输时施工单位应派专人押车。

五、定点

(1)定点放线要以设计师提供的标准点或固定建筑物、构筑物等为依据。

(2)定点放线应符合设计图纸要求,位置要准确,标记要明显。定点放线后应由设计师或有关人员验点,合格后方可施工。

(3)规则式种植,树穴的位置必须排列整齐,横平竖直。行道树定点,行位必须准确,大约每 50 m 钉一个控制木桩,木桩的位置应在株距之间。树位中心可以用镐刨坑后放白灰。

(4)自然式种植,定点放线应按设计意图保持自然,自然式树丛用白灰线标明范围,其位置和形状应符合设计要求。树丛内的树木分布应有疏有密,不得成规则状,三点不得成行,不能成等腰三角形。

六、乔木的栽植

(1)挖掘种植穴。乔木种植穴的大小为胸径的 8～10 倍,深为 60～80 cm 的圆柱形。土质不好的要把坑放大到树木胸径的 10～12 倍,使树木根系舒展。

(2)栽植前施入基肥(有机肥)。施工人员用熟土盖上 20 cm 厚,踏实,然后放入苗木。所有的移植苗都经过了断根的损伤,即使在放入种植穴前进行修剪,原有树势已经削弱。为了恢复原来的树势,扩大树上的树冠,应对伤根进行恢复以及采取促根生长的措施。

(3)栽植时,施工人员应把树苗根部的包扎物除去,在种植穴内将树苗立正栽好,继续回填熟土并把苗木稍稍向上提一提。填至树坑的一半时,把树木扶正,然后踏实。

(4)继续回填熟土至填平为止,踏实(比地面低 3 cm)。最后设保护架支牢树体。

(5)做围堰,围堰要结实,形状为圆形,以保证水分灌透并有足够的水量。

(6)灌水:树苗栽好后要立即灌水。水一定要灌足,灌透。

(7)浇水以后,施工人员要继续进行树木的扶正工作,树坑继续补填缺土,直至树木保持稳定。图 7-7 为绿化栽植。

七、灌木的栽植

(1)挖掘种植穴,灌木的种植穴为直径 60 cm,深 60 cm 的圆柱形。土质不好的要把坑放

图 7-7　绿化栽植

图 7-8　补填缺土

大到直径 80 cm，使树木的根系舒展。树坑的四壁平整垂直，坑底应水平。图 7-8 为补填缺土。

（2）挖掘种植穴时，施工人员表土放在一旁，回填时用，底层的生土放在一处，使熟土和生土分开。

（3）栽植前，施工人员施入有机肥。用熟土盖上 20 cm 厚，踏实，然后放入苗木。

（4）栽植时，把树苗根部的包扎物除去，在种植穴内将树苗立正栽好，继续回填熟土并把苗木稍稍向上提一提，填至树坑一半时把树木扶正然后踏实。

（5）做围堰，围堰要呈圆形并结实，以保证水分灌透并有足够的水量。

(6)灌水,树苗栽好后要立即灌水,水一定要灌足、灌透。

(7)灌水以后,施工人员要继续进行苗木扶正工作,树坑继续补填缺土,直至苗木保持稳定。

八、草坪的铺装

1. 清理场地

栽植草坪前施工人员必须清理场地,清除各种妨碍施工的石块、碎砖、瓦砾等杂物。

2. 堆造地形

施工人员应按照设计图纸堆造地形,规则式草坪要求地形平整,坡度一般在0.2%~0.5%(中间高,四周低,或向一边倾斜),以利排水。

3. 土壤翻耕

土壤应进行深翻,深度一般不低于30 cm。

在整地时,施工人员要对质地不良的表土要进行改良。如表层土壤黏重,施工人员应混入含有砂质的沙砾土或粗砂、细煤渣50%~70%。

4. 施肥

整地时同时要施入充足的基肥,且以有机肥为主。肥料须粉碎、撒匀,撒后翻入土中。

5. 喷除草剂

为了防止日后杂草滋生,在铺草前20 d左右应喷洒化学除草剂五氯酚钠,每亩1~2 kg,或喷洒2~4 kg丁酯,每亩用量为100~250 g。

6. 滚压、修整、浇水

土壤翻松平整清理后要再进行一次滚压、修整,并充分浇水,让土沉降,至少两天后才可以栽植草坪。

7. 满铺草坪

(1)施工人员预先将草皮切割成边长约30 cm,厚3~4 cm的方形草块,逐块铺满整个草坪栽植地。每个草皮块之间要留2 cm左右的间隙。

(2)铺好草皮块后,施工人员要使用木质工具轻轻地,均匀地拍打,以固定草坪,并用晒干碾细的园土填满草块间隙。对不平整的地块要及时去高填低,保持整个栽植地草面平整,然后浇透水,2~3 d后再进行滚压。

(3)以后每隔一周进行一次浇水滚压,直到草块完全压平为止。铺草时,如草块上带有少量的杂草应立即挑净。如杂草过多,则要将其淘汰。图7-9为满铺草坪。

九、养护管理

1. 扶正

(1)栽植完毕后,由于浇水、刮风等原因使树木歪倒的要及时进行扶正,并同时填土踏实。

(2)苗木种植后为了防止松动或被风吹倒,施工人员应用树棍进行三角支撑,即取树棍支撑在树体中的某一点,在绑扎点用麻布或橡皮块包住,以免磨去皮层或引起环剥,然后布置树棍的位置,着地点用石块垫住或打入地下的桩用铁丝绑扎好。

2. 防寒保护

为了保证树木栽植后的成活率并使其安全越冬,施工人员必须对树木进行充分的防寒保护。其具体措施是涂白、草绳缠干、灌冻水、树盘以及覆地膜、设风障等。图7-10为防寒保护。

图 7-9　满铺草坪

图 7-10　防寒保护

3. 灌水

树木定植后第一次灌水称为头水。水要浇透，使泥土充分地吸收水分，灌头水的主要目的是通过灌水将土壤的缝隙填实，保证树根与土壤紧密结合以利根系的发育。

十、施肥

施肥的手法采取环沟施、放射状沟施、散点穴施等方法。图 7-11 为树干及时涂白。病虫害防治“以防为主”“防治结合”。栽完树后对树干及时涂白，有利于防止病虫害，减少树木皮孔水分的蒸发，提高树木的成活率。春季使用波美石硫合剂处理后，接着继续农药的喷洒。高

图 7-11　树干及时涂白

温、高湿天气是病虫害的易发期，在此时要对易发生病虫害的植物进行喷药。

任务六　园林绿化工程项目施工风险分析

一、苗木质量验收

工程开工会议，施工单位应明确甲方、乙方的职责。监理方严格按照甲方的要求，对照图纸及招标清单的要求，根据《城市园林绿化工程施工及验收规范》对进场苗木的品种、规格（干径、地径、高度、定干高度、蓬径等）、数量、形态等进行验收。甲方、乙方及施工方应以尊重招投标文件为前提，实事求是解决问题，为保证绿化效果和最终审计验收，尽量保持不变，做到严谨公正。图 7-12 为苗木质量验收。

二、栽植质量验收

在苗木栽植前，施工人员应先完成硬质铺装的框架，绿化栽植才能准确无误地定点放线。而城市整个绿化工程的通病就在“只要先绿起来”，这样会导致工程施工的程序颠倒，盲目定点放线，栽植杂乱无章。在苗木种植的过程中，甲方应要求监理人员根据招投标文件中的《园林绿化植物种植技术规范》检查种植穴、养护沟及槽定点放线是否符合设计图纸的要求，位置是否准确，标记是否明显等。如遇实际问题，监理人员要及时向甲方汇报，进行灵活的调整。图 7-13 为栽植质量验收。

图 7-12 苗木质量验收

图 7-13 栽植质量验收

三、工程施工结束后的养护管理

甲方从以下几个方面进行养护验收：

(1)乔木、灌木的成活率应达到95%以上，珍贵树种和孤植树应保证成活。

(2)花卉种植地应无杂草、无枯黄，各种花卉生长茂盛，种植成活率应达到95%。

(3)草坪无杂草、无枯黄，种植覆盖率应达到95%且表面平整。

(4)种植的植物材料的整形修剪应符合设计要求。

任务七　园林绿化工程施工方法和技术解析

一、绿化种植准备

1.整地

此工程为绿化改造工程，施工前施工人员应先把绿地下的隐蔽工程做好，清除绿地上的杂草、土头垃圾。同时，栽植铺种前应翻土整地，绿地翻地深度必须大于 750 px，清理种植区域的石块、水泥块、草根等杂物。

(1)种植地表在＋750 px 高差以内平整绿化地面至设计坡度的要求，同时清除碎石及杂草杂物；平整要顺地形和周围环境，整成龟背形、斜坡形等。

(2)所有靠路边、路牙沿线 50～60 cm 宽内的绿地或其他地面应低于路边、道牙或花池，并在地面处理时将地面水引至市政排水。

(3)绿地的地形处理除了满足景观的要求以外，还应考虑地面水最终集中到市政排水管闸。

(4)场地内的废土必须运离工地并合法处置。

2.种植前土壤处理

(1)种植前施工人员应使该地区的土壤达到种植土的要求。

(2)覆土 0.6 m 以内粒级为 25 px 以上的渣砾和 2 m 内的沥青、混凝土及有毒有机垃圾必须清除。

(3)土壤要疏松，容重不得高于 1.3 g/cm^3。

(4)土壤要排水良好，非毛管孔隙度不得低于 10%。

(5)pH 为 6.5～7.5 间土壤疏松，不含建筑垃圾和生活垃圾。

(6)种植层的深度要求：草地大于 750 px；花灌木大于 1250 px；乔木要求在所种植的土球周围有大于 2000 px 的合格土层。若受现场地形的限制，施工单位可以依据实际情况商定。

(7)种植层须与地下层连接，无水泥板、沥青、石层等隔断层，以保持土壤毛细管、液体、气体的上下贯通。草地要求±1125 px 深土层内任何方向上大于 25 px 的石块少于杂物 3%；花灌木要求 1000 px 深内的任何方向上大于 75 px 的杂物石块少于 5%。

(8)在耕翻中，若施工人员发现土质不符合要求，必须更换合格土。更换后施工员应灌水或压实，使密实度达到 80%以上，以免因沉降产生坑洼。

3.选苗

关于栽植树种及其苗龄与规格，设计师要根据设计图纸和说明书的要求及技术质量的要求进行选定栽植树种及规格，并加以编号。图 7-14 为选苗。

(1)严格按苗木的规格购苗，应选择枝干健壮、形体优美的苗木，苗木移植要尽量减少截枝量，严禁出现没枝的单干苗木，乔木的分枝点应不少于 4 个。

(2)规则式种植的乔木、灌木，同种苗木的规格大小应统一。

图 7-14 选苗

(3)所有的花草树木必须生长健壮、新鲜、无病虫害、无缺乏矿物质症状、无草害和机械损伤,生长旺盛而不老化;分枝均衡,树冠饱满,能充分体现个体的自然树形美。

(4)整形装饰篱木规格大小应一致,修剪整形的观赏面应为圆滑曲线弧形,起伏有致。

(5)丛植或群式种植的乔木、灌木,同种或不同种的苗木都应高低错落,充分体现自然生长的特点。

(6)植物带边缘轮廓种植密度应大于规定密度,平面线型应流畅,边缘呈弧形。

(7)乔木的胸径、灌木球类的规格、地被植物的规格严格按图纸的要求选苗;如涉及苗木的规格及品种的变更需提请项目负责人进行会商。

(8)棕榈科植物、开花乔木及主景树在种植时必须尽量保留原有的自然生长冠形。容器苗(袋苗)不能以裸根苗种植,以保证尽快见效和迅速恢复生长。

(9)铺栽草坪用的草块及草卷的规格一致,边缘平直,杂草不得超过 1%。草块土层厚度为 75 px,草卷土层厚度为 1.200~2.125 px。

(10)相同的植物应是同一种类(包括花、颜色、香味)。

(11)对本地无苗源或苗源不足的树种,应提前在苗源地对苗木进行技术处理,以保证移植到道路的苗木有较好的绿化处理效果。

(12)要认真选苗和对苗木进行前期技术处理,以保证苗木符合要求。

4. 苗木种植定点放线

施工人员在现场按图纸测出苗木栽植位置和株行距,根据图纸上的种植设计,按比例放样于地面,确定各树木的种植点。施工人员按图纸规定的尺寸定点放线,如为不规则造型,用方格网法及按图纸的比例尺定点放线;对于成片整齐种植或行道树的放线法,施工员可以用皮尺定点放线,定点放线的方法是先将绿地的边界的平面位置作为依据。量出每株树木的位置,钉上木桩,上面写明树种的名称。一般来说,行道树的定点是以路牙或道路的中心为依据,用皮尺按设计的株距,每隔 10 株钉一个木桩作为定位和栽植的依据。对于自然式配置乔灌木放线法，施工员可以根据植物配置的疏密度种植，对于无固定点的绿化种植（如灌木丛），每株树木的位置和排列可以根据要求在所定的范围内用目测法进行定点，定点时应注意植株的生态要求及自然美观。定点时如遇电杆、管道等障碍物应躲开，不应拘泥于设计的尺寸，而应遵照与障碍相距的有关规定来定位。图 7-15 为测距定位。

图 7-15　测距定位

5. 开挖树穴

树穴的尺寸必须符合要求，并严格按图纸施工。树穴内的土质不符合栽植要求的应及时更换，施工人员挖树穴要垂直下掘、上下口径相等。切忌挖成上大下小的锥形或锅底形，否则栽植踩实时会使根系劈裂、拳曲或上翘，造成不舒展而影响了树木的生长。

6. 填土

施工时要保留表层肥力较高的土壤，去除 30 cm 的杂土，回填 25 cm 的田园土（填土高度要低于路缘石 5 cm）。

7. 施肥

种植前施工人员应按规范要求进行松土，填入优质的种植土，并施足有机基肥。同时要施工人员按设计要求更换树穴的种植土并下足基肥。乔木 40 kg/株，灌木球类 10 kg/株、地被植物 10 kg/m^2。乔木和灌木球的施肥方法为：一半肥料与土壤匀置于穴底，另一半与土拌匀种植时回于穴内。

二、起挖苗木

起出的苗木质量和原有苗木状况、施工员操作技术和认真程度、土壤干湿程度、工具锋利与否等有直接关系。施工员拙劣的技术和马虎的态度会严重降低原有苗木的质量，甚至需继续留圃培养或报废。因此，在起掘前施工人员应做好有关的准备工作；起掘时按操作规程认真进行；起掘后做适当的处理和保护。

(1)挖前准备。施工人员按设计要求到苗圃选择合用的苗木，并做出标记。所选苗木的数量应略多，以便补充损坏、淘汰之苗。对于枝条分布较低或冠丛较大的灌木、带刺灌木等，应先用草绳将树冠适度捆拢，以便操作。为了方便挖掘操作和少伤根系，苗地过湿的应提前开沟排水，过干燥的应提前数天灌水。对生长地情况不明的苗木，应选几株进行试掘，以便采取相应的措施。起苗时，施工人员还应准备好锋利的起苗工具和包装运输所需的材料。

(2)起挖带土球树木时，施工人员必须先修剪枝叶，然后用锐利的工具起挖土球。不能挖破土球。铲除土球上部表土及下部底土时，施工人员必须先扎腰箍，土球需包扎结实，包扎方法应根据树木的规格、土壤的紧密度、运距等具体条件而定，土球底部直径应小于土球直径的1/3。

(3)按园林市场的常规处理，要保证苗木的质量。特别重要的一点是施工员要对根系、枝叶及树皮等妥善进行养护，免受损害及曝晒。

三、运苗

(1)同时有大量的苗木出圃时，在装运前，施工人员应核对苗木的种类与规格。此外，施工人员还需仔细检查起掘后的苗木质量。对已损伤不合要求的苗木应淘汰，并补足苗数。车厢内应先垫上草袋等，以防车板磨损苗木。乔木苗装车时应根系向前，树梢向后，顺序安放，不要压得太紧，做到上不超高(以地面车轮到苗的最高处不许超过 4 m)，梢不得拖动(必要时可以垫蒲包用绳吊拢)，根部应用苫布盖严，并用绳捆好。图 7-16 为绳捆根部保护。

图 7-16　绳捆根部保护

(2)带土球苗装运时，苗高不足 2 m 者可以立放；苗高 2 m 以上者应使土球在前，梢向后，呈斜放或平放，并用木架将树冠架稳。土球的直径小于 500 px 的，可以装 2～3 层，并应装紧，以防车开时晃动；土球直径大于 500 px 者，只许放一层。运苗时，土球上不许站人和压放重物。

(3)树苗应有专人跟车押运,经常注意苫布是否被风吹开。短途运苗,中途最好不停留;长途运苗,裸露根系易吹干,应注意洒水。休息时,车应停在阴凉处。苗木运到后应及时卸车;要求轻拿轻放,对裸根苗不应抽取,更不许整车推下。经长途运输的裸根苗木,根系较干者,应浸水 1～2 d。带土球小苗应抱球轻放,不应提拉树干。较大土球苗,施工人员可以用长而厚的木板斜搭于车厢,将土球移到板上,顺势慢滑卸下,不能滚卸以免散球。

(4)苗木在栽植前施工人员应加以检查,对在运输中有损伤的树枝和树根及时进行修剪和防腐处理。损伤过多者难保树形和绿化效果,应予以淘汰。对于需要更换树穴内种植土的先行更换,并在监理工程师及业主的监督下进行苗木品种、苗木规格、土球规格及树穴大小等的确认,并做好其现场确认手续后再进行种植。

四、栽植乔木、灌木

(1)在栽植前苗木必须经过修剪。修剪时,施工人员要注意分枝点的高度。树木栽植之前,施工人员应对根系进行适当的修剪,主要是将断根、劈裂根,病虫根和过长的根剪去。苗木修剪后即可栽植,栽植的位置应符合设计要求。

(2)带土球树木的栽植:在树穴内用有机基肥与种植土填至放土球底面的高度时,将土球放置在填土面上,然后从树穴的边缘向土球的四周培土,分层捣实,栽植深度应保证土壤下沉后根颈和地表面等高。培土高度到与地表面等高时作围堰、浇足水,待水分渗透后整平。如泥土下沉,施工人员应在两天内补填种植,再浇水整平。图 7-17 为带土球树木的栽植。

图 7-17　带土球树木的栽植

(3)立支柱:对比较大的树苗为防灌水后土塌树歪,被风摇动树根影响成活,施工人员应立支柱。常用通直的木棍、竹竿作为支柱,其长度视苗高而异,以能支撑树的 1/3～1/2 处即可。

一般用长 1.7～2 m，粗 5～150 px 的支柱。支柱应于种植时埋入，也可以在栽后打入（入土 20～750 px），但应注意不要打在根上和损坏土球。

（4）裸根树木的栽植：施工人员按根群的情况在树穴适当填放肥料与种植土，将根群舒展在树穴内，周围均匀培土并将树干稍向上提动或左右移动，扶正后边培土边分层捣实，沿树穴外缘作堰、浇水，以水分不再下渗为度。

（5）栽植树木后 24 h 内必须浇第一遍水，水要浇透，使泥土充分吸收水分，与树根要紧密结合，以利根系的发育。

（6）种植时施工人员可以酌情采取树冠喷雾、树干保湿、喷施抗蒸腾剂和树根喷布生根激素等措施，以提高成活率。

五、种植地被植物、色带

（1）细整绿地：中耕场地，清除剩余的垃圾、杂物，并打碎土块，按照相关技术规范进行地形整理，使绿地排水通畅。

（2）放样：施工人员负责把握种植密度及种植方式，图案造型放样工作由主要技术人员把握主持，依图按比例先测出其范围，并用白灰标画出范围线圈，具体放样工作可以结合实际地形进行。

（3）种植地被植物：施工人员根据种植密度确定栽植株行距，种植区域均匀铺洒适量有机肥后即以挖小穴或开沟的方式进行种植。

（4）分层种植的花带，植物带边缘轮廓种植密度应大于规定密度，平面线型应流畅，边缘呈弧形，高低层次分明，且与周边点缀植物的高差不少于 750 px。

六、假植处理

根据苗木情况、气候状况，需作假植处理的苗木应假植于指定地点。假植的地点应选择靠近栽植点、排水良好、温度适宜、无强风、避风之处。

七、做好记录

施工人员、苗木产地、苗木数量、栽植时间、气象情况、环境条件、栽植后生长情况。

八、养护

（1）浇水：所有的苗木应根据其习性浇足水，浇水要浇透，要注重苗木的生长质量。

（2）除草：除草工作应结合松土进行并将杂草连根除去，每次下透雨或浇水后应及时进行松土（梅雨期除外），以利于保持水分。松土深度一般在 5～15 cm，视植物根系的深浅而定。

（3）整穴：绿地中乔木每季至少整穴一次，树穴的大小必须符合标准，即乔木的树穴大小为 120 cm。

（4）施肥：在植物萌发期前和进入休眠期各施一次肥，在植物生长期间视情况进行 2～4 次施肥。施肥以穴施为主，乔木的施肥穴的规格为 30 cm×30 cm×40 cm。施肥应及时覆盖土并踏实。施肥穴的位置应每次东—西、南—北向轮换进行，一般每次施肥量的标准为：乔木每穴每次施肥 100 g。有机肥和化肥要轮流施用，以防土壤板结。特殊情况可以特殊处理。

（5）培土：在干旱季节要修挖树穴，以利于浇水时蓄水；在雨季，施工人员应把土回填树穴或适当填高些，以防积水。任何季节不得有树根裸露现象。

(6)病虫害的防治：施工人员对乔木要进行经常性的细致检查，发现病虫害要及时进行喷药，同时要及时清理病虫枝条、植株，以防病虫害蔓延。

(7)死树、死苗要及时处理、补种，需要保护柱固定的要增加保护柱，被碰断的枝条要及时修剪。

(8)保护架管理：对失效的保护架施工人员应及时调换，在植物生长季节一般每季应松绑一次绑扎绳，以利于植物的生长。

任务八　课程思政：培养学生爱护生态环境的职业素养

课程思政：

由于园林绿化工程项目的施工过程涉及大量的绿色植物的开挖和移植，所以要求创业的学生力求要保护好绿色植物的生长环境和维护生态的平衡，保护好植物的生长区域，切勿破坏绿色生态资源。

素质目标：

(1)培养正确的世界观、人生观、价值观，增强"四个自信"。

(2)遵纪守法，培养规范意识、质量意识和"三农"意识。

(3)培养吃苦耐劳、诚信友善、爱岗敬业的精神。

(4)树立安全意识和生态环保意识。

(5)具有良好的沟通能力和团队协作精神。

(6)培养学生观察问题、思考问题、分析问题和解决问题的综合能力。

(7)培养学生的团队协作精神和创新精神。

(8)培养学生学习的主动性和创造性。

任务九　园林绿化工程项目承包手续的办理和要求

园林绿化工程项目承包合同范本

发包人(全称)：______________________________

承包人(全称)：______________________________

依照《民法典》《建筑法》及其他有关法律、法规、遵循平等、自愿、公平和诚实信用的原则，双方就本园林绿化工程施工事项协商一致，订立本合同。

一、工程概况

工程名称：______________________________。

工程地点：____。

工程内容：____。

二、工程承包范围____。

三、质量标准

工程质量标准：《城市绿化工程施工及验收规范》CJJ/T82—2012。

四、合同价款

金额(大写)：暂定为________元(人民币)。

五、组成合同的文件

组成本合同的文件包括：

1.本合同协议书；

2.本合同专用条款；

3.标准、规范及有关技术文件；

4.图纸。

双方有关工程的洽商、变更等书面协议或文件视为本合同的组成部分。

六、承包人向发包人承诺按照合同约定进行施工、竣工并在质量保修期内(苗木一年的养护保活)承担工程质量保修责任。

七、发包人向承包人承诺按照合同约定的期限和方式支付合同价款及其他应当支付的款项。

八、合同生效

合同订立时间：______年____月____日

本合同一式肆份，甲、乙双方各执贰份。

本合同自双方签订之日起生效。

发包人：(公章)	承包人：(公章)
公司地址：	公司地址：
法定代表人：	法定代表人：
委托代理人：	委托代理人：
电话：	电话：
开户行：	开户行：
账号：	账号：

附录一

市政公用工程施工总承包资质标准

市政公用工程施工总承包资质分为特级、一级、二级、三级。

一级资质标准

企业资产与经营规模

(1)注册资本1亿元以上。

(2)净资产1.2亿元以上。

(3)近3年每年缴纳建筑业营业税或增值税不少于1000万元。

企业主要人员

(1)市政公用工程专业一级注册建造师不少于15人。

(2)企业有职称工程技术、经济管理人员和持有岗位证书的施工现场管理人员不少于150人。其中:技术负责人应具有10年以上从事工程施工技术管理工作经历,且具有市政工程序列高级职称;工程序列中级以上有职称人员不少于60人,其中高级职称人员不少于10人,道路与桥梁、给排水、结构、机电、燃气工程序列中级以上等专业工程序列中级以上有职称人员中道路与桥梁、给排水、结构、机电、燃气等专业齐全且不少于30人且专业齐全,其中高级职称人员不少于5人;持有岗位证书的施工现场管理人员不少于50人,且施工员、质量员、安全员、机械员、造价员、劳务员等人员齐全。

(3)经考核或培训合格的中级工以上技术工人不少于150人。

技术装备与管理水平

(1)具有以下3项中的2项以上的施工设备:

①摊铺宽度8米以上的沥青混凝土摊铺设备2台。

②100千瓦以上平地机2台。

③直径1.2米以上顶管设备2台。

(2)具有公开对外的企业网站,企业法人代表、注册地址、分支机构、在建工程及项目负责人、已完工程等基本信息能够实现在网站上及时公布。

(3)具有健全的质量、安全、技术、合同、财务、人力资源、设施设备、档案等管理制度,并实现规范化管理。

(4)近3年科技活动经费支出年平均在100万元以上。

企业工程业绩

近10年承担过下列7项中的4项工程的施工，其中至少有第1项所列工程，工程质量合格，且工程项目经理均由本企业注册的建造师担任。

(1)累计修建城市主干道25公里以上；或累计修建城市次干道以上道路面积150万平方米以上；或累计修建城市广场硬质铺装面积10万平方米以上。

(2)累计修建城市桥梁面积10万平方米以上；或累计修建单跨40米以上的城市桥梁3座以上；

(3)累计修建直径1米以上的排水管道(含净宽1米以上方沟)工程20公里以上；或累计修建直径0.6米以上供水、中水管道工程20公里以上；或累计修建直径0.3米以上的中压燃气管道工程20公里以上；或累计修建直径0.5米以上的热力管道工程20公里以上。

(4)修建8万吨/日以上的污水处理厂或日处理10万吨/日以上的供水厂工程2项；或修建20万吨/日以上的给水泵站、10万吨/日以上的排水泵站4座。

(5)修建500吨/日以上的城市生活垃圾处理工程2项以上。

(6)累计修建断面20平方米以上的城市隧道工程(城市隧道工程包括城市规划区内的穿山过江隧道、地铁隧道、地下交通工程、地下过街通道)3公里以上。

(7)完成合同额5000万元以上的市政综合工程项目2项以上(市政综合工程指包括城市道路和桥梁、供水、排水、中水、燃气、热力、电力、通信、照明等中的任意两类以上的工程)。

二级资质标准

企业资产与经营规模

(1)注册资本4000万元以上。

(2)净资产5000万元以上。

(3)近3年每年缴纳建筑业营业税或增值税不少于400万元。

企业主要人员

(1)市政公用工程专业注册建造师不少于12人。

(2)企业有职称工程技术、经济管理人员和持有岗位证书的施工现场管理人员不少于75人。其中：技术负责人应具有8年以上从事工程施工技术管理工作经历，且具有市政工程序列高级职称或市政公用工程一级注册建造师执业资格；工程序列中级以上有职称人员不少于30人，其中高级职称人员不少于4人，道路与桥梁、给排水、结构、机电、燃气工程序列中级以上等专业工程序列中级以上有职称人员中道路与桥梁、给排水、结构、机电、燃气等专业齐全且不少于15人且专业齐全，其中高级职称人员不少于2人；持有岗位证书的施工现场管理人员不少于30人，且施工员、质量员、安全员、机械员、造价员、劳务员等人员齐全。

(3)经考核或培训合格的中级工以上技术工人不少于75人。

技术装备与管理水平

(1)具有与承担工程相适应的施工设备和检测设备。

(2)具有公开对外的企业网站，企业法人代表、注册地址、分支机构、在建工程及项目负责人、已完工程等基本信息能够实现在网站上及时公布。

(3)具有健全的质量、安全、技术、合同、财务、人力资源、设施设备、档案等管理制度。

企业工程业绩

近10年承担过下列7项中的4项工程的施工，其中至少有第1项所列工程，工程质量合格，且工程项目经理均由本企业注册的建造师担任。

(1)累计修建城市道路10公里以上;或累计修建城市道路面积50万平方米以上。

(2)累计修建城市桥梁面积5万平方米以上;或修建单跨20米以上的城市桥梁2座以上。

(3)累计修建排水管道工程10公里以上;或累计修建供水、中水管道工程10公里以上;或累计修建燃气管道工程10公里以上;或累计修建热力管道工程10公里以上。

(4)修建4万吨/日以上的污水处理厂或5万吨/日以上的供水厂工程2项;或修建5万吨/日以上的给水泵站、排水泵站4座。

(5)修建200吨/日以上的城市生活垃圾处理工程2项以上。

(6)累计修建城市隧道工程(城市隧道工程包括城市规划区内的穿山过江隧道、地铁隧道、地下交通工程、地下过街通道)1.5公里以上。

(7)完成合同额2000万元以上的市政综合工程项目2项以上(市政综合工程指包括城市道路和桥梁、供水、排水、中水、燃气、热力、电力、通信、照明等中的任意两类以上的工程)。

三级资质标准

企业资本

注册资本净资产1000万元以上。

企业主要人员

(1)市政公用工程专业注册建造师不少于5人。

(2)企业有职称工程技术、经济管理人员和持有岗位证书的施工现场管理人员不少于30人。其中:技术负责人应具有5年以上从事工程施工技术管理工作经历,具有市政工程序列中级职称或市政公用工程注册建造师执业资格;道路与桥梁、给排水、结构、机电、燃气等专业工程序列中级以上有职称人员不少于10人;持有岗位证书的施工现场管理人员不少于15人,且施工员、质量员、安全员、机械员、造价员、劳务员等人员齐全。

(3)经考核或培训合格的中级工以上技术工人不少于30人。

(4)技术负责人或和注册建造师主持完成过本类别二级以上资质标准要求的工程业绩不少于2项。

承包工程范围

一级企业

可承担各类市政公用工程的施工。

二级企业

可承担下列市政公用工程的施工:

(1)各类城市道路;单跨45米以下的城市桥梁。

(2)15万吨/日以下的供水工程;10万吨/日以下的污水处理工程;25万吨/日以下的给水泵站、15万吨/日以下的污水泵站、雨水泵站;各类给排水及中水管道工程。

(3)中压以下燃气管道、调压站;供热面积150万平方米以下热力工程和各类热力管道工程。

(4)各类城市生活垃圾处理工程。

(5)断面25平方米以下隧道工程和地下交通工程。

(6)各类城市广场、地面停车场硬质铺装。

(7)合同额不超过企业注册资本5倍的市政综合工程。

三级企业

可承担下列市政公用工程的施工:

(1)城市道路工程(不含快速路);单跨 25 米以内的桥梁工程。

(2)8 万吨/日以下的给水厂;6 万吨/日以下的污水处理工程;10 万吨/日以下的给水泵站,10 万吨/日以下的污水泵站、雨水泵站,直径 1 米以下的供水管道;直径 1.5 米以下污水及中水管道。

(3)2 公斤/平方厘米以下的中压、低压燃气管道、调压站;供热面积 50 万平方米以下热力工程,直径 0.2 米以下热力管道。

(4)合同额 2500 万元以下的城市生活垃圾处理工程。

(5)合同额 2000 万元以下地下交通工程(不包括轨道交通工程)。

(6)5000 平方米以下城市广场、地面停车场硬质铺装。

(7)合同额 2500 万元以下的市政综合工程。

注:

1.市政公用工程包括给水工程、排水工程、燃气工程、热力工程、道路工程、桥梁工程、城市隧道工程、公共交通工程、轨道交通工程、环境卫生工程、照明工程、绿化工程。

2.市政工程序列职称是指道路、桥梁、给排水、结构、机电、燃气等专业职称。

附录二

中国园林绿化行业发展趋势分析

城市绿化的建设过程、功能要求和经营目的，与林业有所不同，但都是生产建设的组成部分，一个是以取材为主，一个是以环境保护为主。城市绿化是对社会环境资本的投入，其经济回报是多方面的，而且是十分丰厚的。城市对园林的需求分为两个方面：一是作为基础设施；二是作为休闲设施。前者应当由市政当局作为公共产品供给全体市民，后者则可以由法人实体作为法人产品提供给部分市民。

1.建成区绿化覆盖率达到40.10%

《2019年城乡建设统计公报》数据显示：2019年年末，城市建成区绿化覆盖面积200.1万公顷，比上年增长4.9%，建成区绿化覆盖率达到40.10%，比上年增加0.4个百分点；建成区绿地面积180.8万公顷，比上年增长5.2%，建成区绿地率达到36.24%，比上年增加0.46个百分点；公园绿地面积57.7万公顷，比上年增长5.4%，人均公园绿地面积12.95平方米，比上年增加0.31平方米。

2.园林绿化行业结构比较分散

园林行业经过近20年的发展，市场日渐壮大。但当前我国园林行业市场集中度较低，行业结构仍比较分散，企业数量众多，企业实力和经营规模偏小，全国范围内跨区域经营的企业较少。目前，全国拥有四级以上资质的园林企业约1.6万家，园林50强市场份额合计占15%左右，前三名市场份额合计占3.5%，目前大多数企业业务集中在局部区域，只有少数龙头公司如东方园林、铁汉生态、棕榈园林等10多家公司实现了全国布局。三胜产业研究中心发布的《2015—2020年城市园林绿化行业市场调查研究与投资战略规划分析报告》数据显示，截至2019年12月31日，全国城市园林绿化企业一级资质企业共有987家，全国各地区园林市场竞争并不平衡，绝大多数一级资质企业均集中在经济相对发达的沿海地区，其中浙江省、江苏省、广东省、北京市、上海市内拥有的一级资质园林绿化企业，占到全国总数的60%以上，资质分别与园林工程市场规模分布相符。三胜产业研究中心认为，各地大型项目竞争程度接近，具有跨区域建设和经营能力的企业可以有更广泛的选择。

3.园林绿化行业未来发展四大趋势

(1)行业领域不断扩展，市场空间巨大。

随着中国经济的持续发展和城镇化进程的推进，市政园林的投资力度逐年加大。伴随着行业投资规模的扩大，行业已经从传统的道路景观绿化、市政公园、城市广场、公共绿地、厂住区绿化逐步延伸到了森林公园、流域治理、生态湿地修复、矿山环境治理等领域。传统市场容量的扩大和市场边界的拓展为中国园林绿化企业提供了发展机遇。将来相当长的一段时间内,中国人均绿地拥有指标将逐步向发达国家靠拢,其中,城市化进程的提速是人均拥有绿地提升的最主要因素之一。2014 年中国城镇化率约为 54.77%,预计至 2050 年,中国城镇化率将超过 70%,与发达国家 80%左右的水平相接近。

(2)跨区域经营及行业集中度逐步提升。

随着园林绿化行业快速发展,行业项目规模迅速扩大,尤其是大中型 IT 项目的涌现为行业集中度的提升提供了基础性条件,与此同时,行业内收购兼并、大型合作项目的增加,部分优质上市企业依托资本实力逐步实现跨区域经营,其营业规模增长幅度远快于行业发展水平,基于此,行业集中度呈上升趋势。行业集中度变化趋势将有效提高园林绿化行业的整体运行效率,有效解决项目建设资金筹措问题,对于生态环境建设产生积极影响。

(3)一体化经营成为行业发展趋势。

在行业发展初期,中国的园林行业以中小企业为主,大多数企业仅专注于园林行业中的一个业务环节。业务环节的切割不利于园林绿化企业对产品和服务最终质量的掌握,也无法通过各业务环节的联动扩大企业的经营规模。园林行业中的园林工程施工、园林景观设计、苗木种植和绿化养护具有较强的联动性和互补性。上述四项业务的一体化经营能够将设计理念与工程施工方案有机结合,能够采用自有苗木避免外购苗木对设计和施工的限制,能够节约园林工程施工项目的成本,能够提供选苗、育苗的市场适用性,能够通过绿化养护提高服务质量并维护好客户关系。一体化经营要求企业具备各业务环节的专业技术能力和经营管理能力,部分大型园林绿化企业已经开始积极实施一体化经营战略,为客户提供项目整体解决方案,一体化经营已经成为园林行业的发展趋势。

(4)苗木资源及设计能力将成为优势企业的核心竞争力。

苗木是园林工程项目的主要原材料之一,园林工程用苗具有投资金额大,苗木需求量大,苗木需求品种规格多元化,对苗木内在质量、苗木成活率要求高等特点,尤其是园林工程项目对大规格苗木和特色品种苗木的需求日益增加。但是,中国绿化苗木生产种植以农户或小型苗圃为主,种植规模小、数量多而分散、资金实力及技术力量薄弱,规模化、专业化、科学化程度较低。因此,园林绿化企业规模化发展往往受到苗木资源的制约,丰富优质的苗木资源已经成为影响园林绿化企业设计、施工业务发展的重要因素之一。国内园林行业尚处于初级发展阶段,其功能主要局限在环境绿化方面,在设计理念、文化品位、生态环保方面与国外先进水平仍存在较大差距。随着生活品位的提升,人们对园林绿化企业的设计能力会提出更高要求,园林景观设计能力将逐渐成为优势企业的核心竞争力。

附录三

园林工程建设监理基本工作方法

一、现场记录制

监理工程师在现场进行监理工作时，必须对各施工部位的各种情况做好详细记录（现场记录），现场记录是解决合同纠纷、审核工程进度、进行工程结算的基础资料，必须客观真实。

二、记录的主要内容

（1）当日施工的工程部位，进度情况，一般用表格或具体数量表达。

（2）当日各部位投入的人力、机械、设备、材料等情况。

（3）当日施工中出现的各种问题、事故；监理人员对问题、事故的处理经过和结论意见。

（4）业主、承包商、监理单位、设计单位之间的工作联系，各种会议的中心议题、参加人员、会议结论等。

三、产品审核制度

监理工程师的工作产品，就是工程建设各阶段的进度、质量、投资的意见和发布的各种监理文件，也包括参建单位共同努力而完成的工程项目。

以上各种产品在“生产”过程中，都要把好审核关，坚决贯彻“预防为主，防检结合，重在提高”的思想，并要通过各种审核进行检验和确认，为此要做到以下几个方面：

（1）监理工程师与业主和承包商的业务联系一律以书面文件为准，书面文字做到准确、周密，包括文件编号、日期签字等都应先拟稿、审核、打印、校对、签发等工序，不得出错。

（2）对来自承包商的计划、措施、进度、报告等报表，应有专人审核内容，指定有关专业或项目工程师进行审核并签署具体意见。对某些重要、复杂的问题应以会审形式形成决议。

（3）单位工程验收，必须在自检合格基础上，由监理工程师会同业主和有关质检部门进行逐项审核，一方面查看施工文件记录、内容、审查是否齐全，计算是否准确；另一方面看工程实体问题处理效果，依照国家颁布的各项技术标准，进行评定验收、确定质量等级，并签署工程验收评证。

（4）审核“工程付款凭证”，必须按照完成工程数量、质量、价款逐一核实，做到公正合理地维护业主与承包商双方的正当权益。

(5) 定期做出《监理月报》,各监理人员必须按规定内容写出;当月工程进展的详细情况、质量方面的问题、处理方法等,经检查汇编上报总监理工程师。

四、把好材料和实验关

土建、园林小品建筑、水景、园路等工程,都需要大量的钢筋、水泥、砖石、木材、砂、花卉、苗木等原材料。这些材料在使用前必须经过质检部门按部颁标准进行检验合格并经监理工程师审核批准后才可使用。未经检验合格的产品一律不准进入施工现场,已进入现场的未经检验合格原材料必须首先隔离,施工前运出现场。这样既可避免造成操作失误,也可避免施工单位以次充好,偷工减料。监理工程师对每天所用的材料的检验结果和使用部位都应有详细记录。

五、严格控制工程进度和质量

(一)工程进度

开工前,对承包商提交的施工进度计划及施工方案,监理工程师要认真审核进行必要调整。做到计划周密,措施得力,工序合理,还要通过网络计划进行关键线路可行性分析。对于月进度计划,监理工程师要在限定的 5～7d 内认真审核,并及时发出批准或限期修改的通知。

(二)工程质量控制工程质量主要通过以下控制手段进行。

(1)进场控制:对于要进入场的人、材料、机具等严格把关。

①坚持做到人力、材料、机具的检测、供应标准不足不准动工。

②未经检验和试验的材料不准使用。

③未经批准的图纸和变更设计不得施工。

④未经批准的施工工艺不得使用,前道工序未经检查验收,后道工序不准进行。

⑤不合格工程和手续不健全项目不予计量签证,未经计量的工程项目概不支付。

(2)严格质量检查验收和登记:监理人员深入现场,随时掌握和控制工程质量、施工动态,堵截任何质量不合格苗头。根据操作规程进行检查验收,发现问题,及时做出纠正指令。

(3)严格检查基础工程质量,注重工序检查交接验收:监理工程师着重检查开挖尺寸、施工部位的尺寸,地基碾压程序和建筑混凝土质量(强度、缺陷、配筋、配套设施、预留位置……)等。填埋前有的还要进行复查。工序交接前必须有已建成部分的质检合格证明。在施工全过程都必须对质量高标准要求,对于较重要的质量问题,分析工程质量事故原因,改进工艺,或采取返工、重来。

六、把好付款关

工程付款签字权是监理工程师质量控制的重要手段。对承包商每月初送报的财务支付报表,监理工程师都应根据合同,逐一审核工程结算项目、单价、总价等,剔除超报、错报、弄虚作假等不实部分。在支付计算中,必须坚持先计量后付款的原则和价款结算、质量签证制度。还要注意按合同执行预付款、扣款、补充合同追加款、维修保证金等费用的调整。监理工程师都应该做到严谨、廉洁、公正。

七、把好索赔关

正确处理"索赔",监理工程师在工作时要做到如下几个方面:

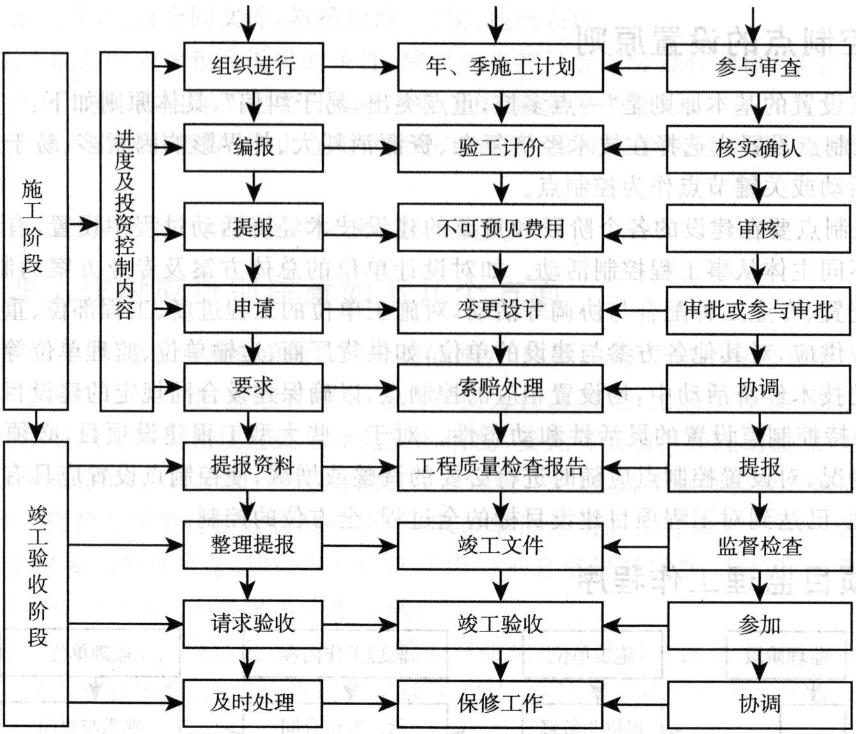

十一、监理单位和监理工程师的风险防范

监理单位和监理工程师必须增强风险意识，及时防范风险，保护自身的切身利益。为此，监理单位和监理工程师应做好以下工作：

(1)坚持公正、独立、自主的原则：监理工程师在工程建设中必须尊重科学、尊重事实，组织各方面协调配合，维护有关各方的合法权益。坚持公正、独立、自主的工作原则，使监理工程师自身的风险损失降低。

(2)在工程建设中实现权责一致：监理工程师履行其职责而从事的监理活动，承担的职责应与业主授予的权限相一致。因此，监理工程师在明确业主提出的监理目标和监理工作内容要求后，应与业主协商明确相应的授权，达成共识后，明确反映在委托监理合同中及承包合同中。

(3)严格监理管理中的各项规章制度：要根据监理工作的特点和规律性，建立完善的管理制度并严格执行，通过层层把好质量关来努力消除和控制可能的各种风险损失。

(4)提高监理工程师的个人素质和职业道德。工程监理是实践性很强的职业，要求从事这一行业的人员不仅要精通业务，而且要有较宽的知识面，在实际工作中要善于协调，责任心强，且具有较强的经营管理能力和开拓精神。

(5)处理好业主的关系，防范业主风险。要做好与业主的沟通工作，维护业主的利益，认真履行监理合同，防止业主索赔。

(6)处理好与承包商的关系，防范承包商的风险：在工程监理过程中，监理工程师一方面要处理好与承包商的关系，争取他们的合作，以避免承包商引发的风险。

十二、园林工程建设施工阶段工作特点

园林工程施工过程是围绕园林构成的要素“山、水、树、石、路、建筑”，根据图纸设计将工程设计者的意图建设成为各种园林景观的过程，他们在施工中的特点如下。

(1)施工阶段施工量最大，70％～80％的工作量均是在此期间完成的。

(2)施工阶段投入最多，比如资金、材料、机具、设备、人员等。

(3)施工阶段持续时间长、动态性强。

(4)施工阶段是形成工程项目实体的阶段。在形成实体的过程中，前道工程质量对后续工程质量有直接的影响，所以要进行严格的系统过程控制。

(5)工程阶段涉及的单位数量多。要做好各方的组织协调关系。

(6)施工阶段工程信息内容广泛、时间性强、数量大。尽量以执行计划为主，不要更改计划，造成索赔。

(7)施工阶段存在着众多影响目标实现的因素。监理单位和监理工程师应做好风险管理。

十三、园林工程竣工验收

园林工程已经按照施工合同、设计文件的要求建设完毕，由施工单位先自行组织内部模拟验收，通过后，由施工单位提出竣工验收申请，并准备各项竣工验收资料，监理工程师先对资料审查合格后，通知业主组织监理、设计、施工等单位进行竣工验收。

竣工验收证书签发后就意味着该项目已经移交给了业主。

十四、园林工程竣工结算

工程竣工结算是指单位工程完成并达到验收标准，取得竣工验收合格签证后，园林施工企业与建设单位(业主)之间办理的工程财务结算。

园林建设工程竣工结算内容表

表现形式	内容
文字说明	1.工程概况 2.设计概算和建设项目计划的执行情况 3.各项技术经济指标完成情况及各项资金使用情况 4.建设工期、建设成本、投资效果等
竣工工程概况表	设计概况的主要指标与实际完成的各项主要指标进行对比，可用表格的形式表现
竣工财务结算表	表格形式反映出资金来源与资金运用情况
交付使用财产明细表	交付使用的园林项目中，固定资产的详细内容，不同类型固定资产应设计不同的表格表示

附录四

园林工程招标的分类及条件

一、园林工程招标的分类

1.按工程项目建设程序分类

根据园林工程项目建设程序，招标可分为3类，即园林工程项目开发招标、园林工程勘察设计招标和园林工程施工招标。

(1)园林工程项目开发招标。

园林工程项目开发招标是指建设单位(业主)邀请工程咨询单位对建设项目进行可行性研究，其“标的物”是可行性研究报告。中标的工程咨询单位必须对自己提供的研究成果负责，可行性研究报告应得到建设单位的认可。

(2)园林工程勘察设计招标。

园林工程勘察设计招标是指招标单位就拟建园林工程勘察和设计任务发布通告，以法定方式吸引勘察单位或设计单位参加竞争。经招标单位审查获得投标资格的勘察、设计单位，按照招标文件的要求，在规定的时间内向招标单位填报投标书，招标单位从中择优确定中标单位来完成工程勘察或设计任务。

(3)园林工程施工招标。

园林工程施工招标是指针对园林工程施工阶段的全部工作开展的招标。根据园林工程施工范围大小及专业不同，园林工程施工招标可分为全部工程招标、单项工程招标和专业工程招标等。

2.按工程承包的范围分类

(1)园林项目总承包招标。

园林项目总承包招标可分为两种类型：一种是园林工程项目实施阶段的全过程招标；另一种是园林工程项目全过程招标。前者是在设计任务书已经审完，从项目勘察、设计到交付使用进行一次性招标，后者是从项目的可行性研究到交付使用进行一次性招标，建设单位提供项目投资和使用要求及竣工、交付使用期限。其可行性研究、勘察设计、材料和设备采购、施工安装、职工培训、生产准备和试生产直到交付使用都由一个总承包商负责承包，即所谓“交钥匙工程”。

(2)园林专项工程承包招标。

在园林工程承包招标过程中，对其中某项比较复杂或专业性强，施工和制作要求特殊的单项工程，可单独进行招标的，称为专项工程承包招标。

(3)按园林建设工程项目的构成分类。

按照园林建设工程项目的构成划分，园林建设工程招标可分为全部园林工程招标、单项工程招标、单位工程招标、分部工程招标、分项工程招标。

二、园林工程招标的备件

园林工程项目招标必须符合主管部门规定的条件。这些条件分为招标人即建设单位应当具备的条件和招标的工程项目应当具备的条件。

1. 建设单位招标应当具备的条件

(1)招标单位是法人或依法成立的其他组织。

(2)招标单位有与招标工程相适应的经济、技术、管理人员。

(3)招标单位有组织招标文件的能力。

(4)招标单位有审查投标单位资质的能力。

(5)招标单位有组织开标、评标、定标的能力。

不具备上述2～5项条件的，需委托具有相应资质的咨询、监理等单位代评招标。上述5项条件中，1、2两条是对招标单位资格的规定，3～5条则是对招标人能力的要求。

2. 招标的工程项目应当具备的条件

(1)概算已获批准。

(2)建设项目已经正式列入国家、部门或地方的年度固定资产投资计划。

(3)建设用地的征用工作已经完成。

(4)有能够满足施工需要的施工图纸及技术资料。

(5)建设资金和主要建筑材料、设备的来源已经落实。

(6)建设项目已获得所在地规划部门批准，施工现场“三通一平”已经完成或一并列入施工招标范围。

附录五

关于城市园林建设项目审计

城市园林建设项目审计是审计部门依据国家的财政法规及有关政策、规章以及有关部门的委托，对城市园林建设项目建设期间的财务活动和投资效益进行审查，是以加强工程建设项目管理，提高社会效益、经济效益为目的的经济监督活动。

一、园林项目审计的必要性

城市园林建设项目具有投资大、资金流动环节多、涉及部门多、规模大、建设周期短，项目多而分散，以及施工中不确定因素多等特点。单一靠建设单位财务和工程技术部门来对工程进行管理是不够的，必须要有审计部门的配合、监督和检查，才能确保工程建设的各项资金的合理使用，杜绝违章、违纪问题的发生，避免“人情工程”“腐败工程”的出现。同时，由于城市园林建设项目是由政府投资建设的社会公益性工程，其资金使用具有专一性。因此，对这部分资金进行专项审计是十分必要的，它能够使专项资金得到完整、准确、真实的反映和监督，保证专项资金合法运用，提高投资的社会效益。

二、园林项目审计的特殊性

园林建设项目存在特殊性。一是规模大小不一，投资差别大，既有投资几万元、几十万元的，也有投资几千万元到上亿元的。二是管理难，由于园林项目的综合性强，绿化苗木种类多、变化大，使建设的难度和造价没有必然的正比关系，给管理造成很大难度。三是前期手续不完善，现阶段我国园林建设项目大多具有很强的政府意识，从立项到实施往往较为仓促，审批手续往往不完善。四是周期短，受周围环境的影响较大，作为艺术性较强的工种，建设园林工程时，需要根据实际环境不断变更原有设计；再加上植物品种和规格往往难以实现，因此园林建设项目的不可预见性较多。五是园林工程的相关规范不完善，定额修订滞后；在园林工程中常运用新材料、新设备、新技术等，都对工程造价的审核造成难度。

城市园林建设项目的审计对象是参与建设的各有关职能部门和建设单位的财务机构。审计内容为城市园林建设项目的立项、计划、招投标、施工、验收诸环节中有关财务方面的管理和监督，以及城市园林建设项目的社会效益和经济效益评价等。具体指资金来源的可靠、合理性，估算、概算、定额、取费标准、工程量是否合理合法，设计变更的原因及对财务决算的影响等。审计程序大体可分为事前、事中、事后审计。

三、园林项目审计的内容及程序

传统审计的范围狭窄，目的单一，审计人员只是围绕财务收支状况进行审计，其监督作用十分有限。但今天对于园林项目的审计已不再是单纯的查错纠弊，而更加注重通过审计揭示行业存在的问题，分析问题原因，并提出意见或建议。

城市园林建设项目审计需要“法制化、规范化、制度化”。由于园林项目审计范围没有统一标准，且受审计对象的规模、复杂性和多样性等因素的制约，需要涉及多个部门、单位，运用多种审计方法与手段，而现行的法律、法规尚没有对审计的时间及程度做出具体规定。因此，需要以法律形式明确各相关单位对城市园林建设项目进行审计所应负的责任和应承担的义务，以避免出现目前审计调查过程中经常遇到的被审计单位拒绝配合和拖延时间等情况发生，保证审计工作正常、有序地开展。

四、园林项目审计应走向制度化

同时，与一般财务收支审计相比，城市园林建设项目审计涉及时间跨度大，所需资料来源广，涉及单位多；审计范围不仅包括财务收支，还涉及工程、管理等方面的内容。对城市园林建设项目进行审计的取证方式、审计工作底稿的编写、审计报告的内容、征求被审计单位意见的方式、审计结果的表达方式、审计成果的转化，以及审计项目的选择、审计人员的资格条件、审计方法的选取等事项，都与项目财务审计有着较大的区别。这些问题都应在实践中加以解决，逐一实现规范化。

◆◆◆◆◆ 参考文献

[1] 中华人民共和国国家标准 GB 50500—2013 建设工程工程量清单计价规范. 北京：中国计划出版社，2013
[2] 中华人民共和国民法典
[3] 中国园林网 WWW. YUAN LIN. COM 施工技术：土方工程
[4] 中国园林网 WWW. YUAN LIN. COM 施工技术：理水工程
[5] 中国园林网 WWW. YUAN LIN. COM 施工技术：园路工程
[6] https://www. baidu. com/